Estratégia e competitividade

SÉRIE ADMINISTRAÇÃO ESTRATÉGICA

EDITORA
intersaberes

Estratégia e competitividade

Tomas Sparano Martins
Roberto Ari Guindani

**EDITORA
intersaberes**

Rua Clara Vendramin, 58 – Mossunguê
Curitiba – Paraná – Brasil
CEP 81200-170
Fone: (41) 2106-4170
www.intersaberes.com
editora@editoraintersaberes.com.br

Conselho editorial
Dr. Ivo José Both (presidente)
Drª. Elena Godoy
Dr. Nelson Luís Dias
Dr. Neri dos Santos
Dr. Ulf Gregor Baranow

Editora-chefe ~ Lindsay Azambuja

Supervisora editorial ~ Ariadne Nunes Wenger

Analista editorial ~ Ariel Martins

Preparação de originais ~ Raphael Moroz

Capa ~ Adoro Design

Projeto gráfico ~ Raphael Bernadelli

Iconografia ~ Sandra Sebastião

Informamos que é de inteira responsabilidade dos autores a emissão de conceitos.

Nenhuma parte desta publicação poderá ser reproduzida por qualquer meio ou forma sem a prévia autorização da Editora InterSaberes.

A violação dos direitos autorais é crime estabelecido na Lei nº 9.610/1998 e punido pelo art. 184 do Código Penal.

Foi feito o depósito legal.

1ª edição, 2013.

Dados Internacionais de Catalogação na Publicação (CIP)
(Câmara Brasileira do Livro, SP, Brasil)

Martins, Tomas Sparano
  Estratégia e competitividade / Tomas Sparano Martins, Roberto Ari Guindani. – Curitiba: InterSaberes, 2013. (Série Administração Estratégica).

  Bibliografia.
  ISBN 978-85-8212-779-7

  1. Administração de empresas 2. Competitividade 3. Desempenho – Avaliação 4. Empresas – Avaliação 5. Mudanças organizacionais 6. Planejamento estratégico I. Guindani, Roberto Ari. II. Título. III. Série.

12-13795   CDD-658.402

Índices para catálogo sistemático:
  1. Lideranças: Desenvolvimento: Desempenho gerencial: Administração de empresas   658.402

Sumário

Apresentação ~ 7

1 Estratégia competitiva ~ 11

    1.1   Conceito de estratégia ~ 16

    1.2   Equilibrando as necessidades dos *stakeholders* ~ 19

    1.3   Alinhando conceitos ~ 27

    1.4   Classificação das estratégias ~ 35

    1.5   Vantagem competitiva ~ 38

2 Estratégia competitiva genérica ~ 45

    2.1   O modelo de Porter ~ 49

    2.2   A visão baseada em recursos (VBR) ~ 77

3 Estratégia competitiva: modelos alternativos ~ 85

    3.1   Estratégias genéricas de negócios de Mintzberg ~ 87

    3.2   Tipologia genérica de Ansoff ~ 94

    3.3   Tipologia de Miles e Snow ~ 96

4 Estratégias cooperativas e competitividade ~ 103

   4.1   Competitividade ~ 111

Para concluir... ~ *117*

Referências ~ *121*

Bibliografia comentada ~ *131*

Sobre os autores ~ *133*

Apresentação

As organizações estão inseridas em um contexto socioeconômico muito **mutável**. Por isso, procuram adotar **estratégias** adequadas, que lhes proporcionem **competitividade** dentro desse cenário. Assim, para enfrentar os desafios atuais, as empresas desenvolvem as chamadas **estratégias competitivas, colaborativas e cooperativas**.

Este livro tem três objetivos integrados: o primeiro é apresentar conceitos básicos de estratégia; o segundo, trabalhar com os fatores que geram competitividade; e o terceiro, apresentar estratégias competitivas e cooperativas para que a empresa consiga lidar com esses fatores.

Michael Porter, chamado por alguns de *pai da estratégia*, escreveu, na década de 1980, uma obra seminal intitulada *Estratégia competitiva: técnicas para análise de indústrias e da concorrência*, que é referenciada até hoje quando o assunto é a interpretação do conceito de **competitividade**.

De certa forma, a presente obra faz uma releitura da análise de Porter, adequando os conceitos ao contexto organizacional atual. No entanto, este não é um livro eminentemente teórico, pois procuramos apresentar, de maneira simples e objetiva, opções de **interpretação do ambiente**. Além disso, buscamos possibilitar que, por meio da presente obra, o leitor **identifique fatores** que geram competitividade e faça **escolhas estratégicas adequadas** ao seu próprio contexto e coerentes com as metas que pretende alcançar.

Este livro tem por objetivo apresentar os principais conceitos relacionados às áreas de **estratégia** e **competitividade**, de modo a poder aplicá-los no contexto organizacional. Um aspecto interessante comum aos dois temas é a falta de consenso sobre o significado e a aplicabilidade de ambos os conceitos. Dessa forma, procuramos oferecer ao leitor uma visão panorâmica dos principais modelos de estratégia competitiva, fundamentados nos trabalhos de autores influentes na área, tais como Michael Porter, Henry Mintzberg, Igor Ansoff, Raymond Miles e Charles Snow.

No Capítulo 1, fazemos uma contextualização social, econômica e contingencial dos temas do livro. Por isso, abordamos o conceito genérico de estratégia e suas principais classificações, bem como os conceitos de *stakeholders* e vantagem competitiva.

No Capítulo 2, lidamos com o conceito de estratégia competitiva genérica e descrevemos o seu modelo mais tradicional, que tem base no trabalho de Michael Porter. Para contrabalancear essa visão conservadora e tradicional, finalizamos com um modelo alternativo mais moderno, que trata de competitividade e estratégia e fundamenta-se em fatores internos da organização e em recursos de Jay Barney.

No Capítulo 3, procuramos mostrar alguns modelos alternativos que contemplam o objeto de estudo da presente obra. Assim, apresentamos o modelo de Mintzberg para a estratégia competitiva, o modelo de Ansoff (1977) e, por último, a tipologia de Miles e Snow (1994).

No Capítulo 4, por fim, seguindo uma tendência geral da área de administração, deixamos de lado o conceito *hard* de estratégia competitiva e entramos numa zona mais *soft*, fundamentada na colaboração, ou seja, nas estratégias cooperativas, e na competitividade.

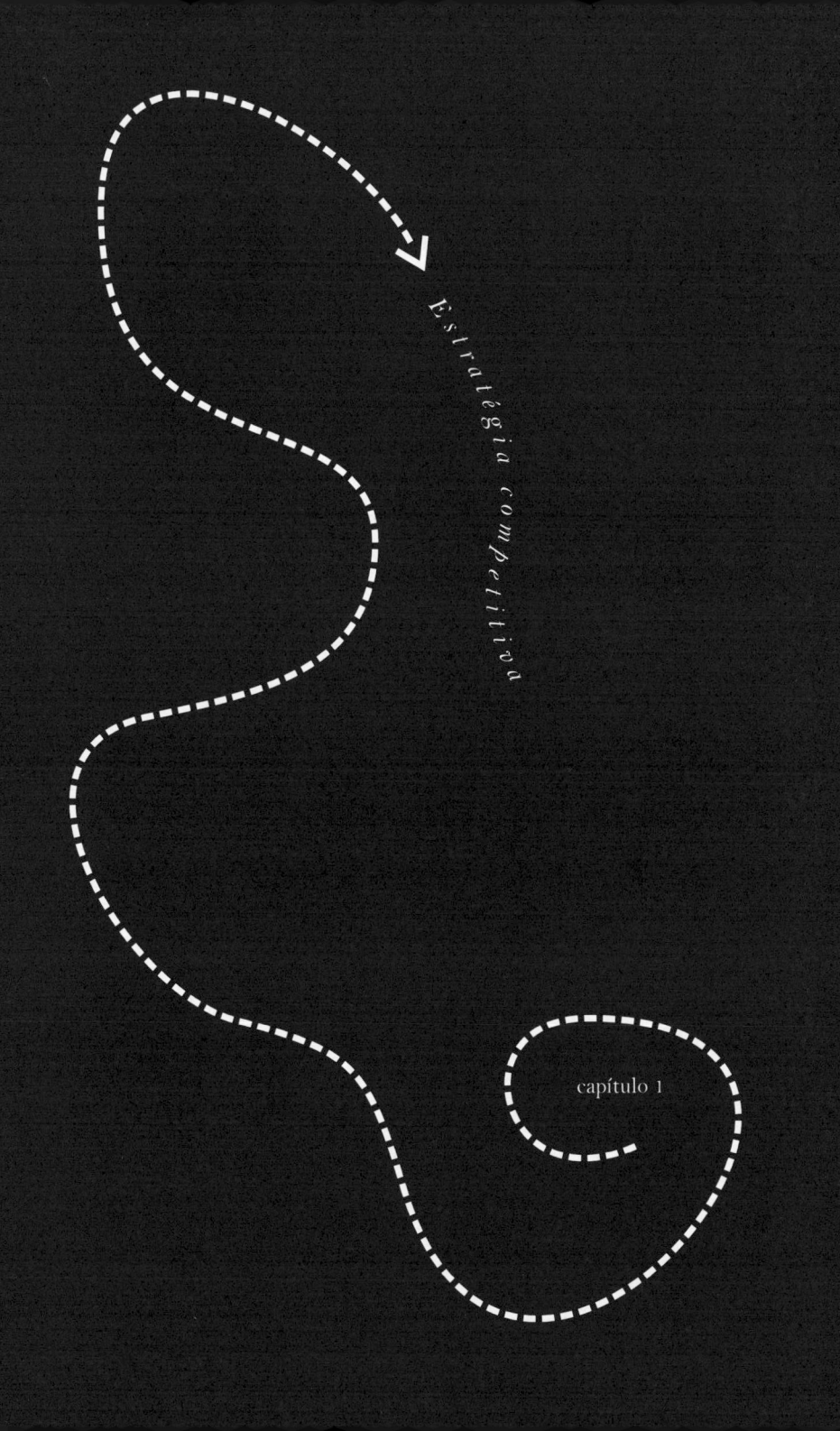

Estratégia competitiva

capítulo 1

O ambiente extremamente **competitivo** em que as organizações operam nos dias de hoje faz com que os gestores necessitem valer-se de conceitos cada vez mais estruturados para administrar, de maneira **eficiente** e **eficaz**, as empresas nas quais trabalham. Esses administradores têm a difícil missão de tomar decisões que conduzam os seus negócios de forma consistente, em um mundo que **muda constantemente**.

Por exemplo: no setor automobilístico, durante a década de 1990, havia uma preferência de um grupo de consumidores por **carros grandes** e **robustos**, os famosos *Sport Utility Vehicles* (SUVs), veículos fabricados com chassis de camionetes com espaço interno grande. Era como se *pickups* rodassem em espaços urbanos. Vale ressaltar que esses veículos representavam, na época, *status* e **ascensão social**. Atualmente, entretanto, esse tipo de carro é visto com maus olhos por boa parte da população por ser um verdadeiro agravante para o problema do **aquecimento global**, já que requer um consumo bastante elevado de combustível.

Exemplo de *Sport Utility Vehicle* (SUV).
Crédito: Ifcar/wc/gnu free documentation license

Diante disso, podemos afirmar que **formular estratégias** é uma questão de sobrevivência, considerando principalmente as variações constantes e sem controle que ocorrem no ambiente externo. Isso força as organizações a se adaptarem aos novos desafios, às ameaças e às oportunidades do mercado (Ansoff, 1990). Montadoras que se anteciparam e perceberam mudanças na opinião dos seus consumidores em relação a carros grandes e ao prejuízo ambiental que estes podem causar, estrategicamente, começaram a produzir carros menores, como o Smart.

A ideia de criar esse modo de veículo surgiu como resultado de um **conceito** criado por Nicolas Hayek, que também inventou os relógios de pulso da Swatch. O objetivo do *designer* era produzir um carro pequeno, econômico, ambientalmente responsável e fácil de ser estacionado em espaços pequenos. Além disso, o veículo, em vez de simbolizar ascensão social*, representaria uma **atitude ecológica consciente**, inovadora e ousada por parte dos seus consumidores.

Smart
Crédito: Jiazi/wc/gnu free documentation license

Hoje, o Smart pertence ao grupo Mercedes-Benz e, de acordo com a tabela a seguir, de janeiro de 2010 a janeiro de 2011, teve um crescimento no mercado americano (maior consumidor de SUVs do mundo) de 28,8%, enquanto os outros carros do grupo, incluindo SUVs, tiveram um crescimento de apenas 11,4%.

* Nos Estados Unidos, o Smart não simboliza ascensão social. Já no Brasil, sim, uma vez que o veículo não é tão acessível financeiramente para a maioria da população.

Tabela 1.1 – Resumo de vendas do grupo Mercedes-Benz nos Estados Unidos entre 2010 e 2011

	Média – Vendas mensais		%
	2011	2010	Variação
Mercedes-Benz nos Estados Unidos (carros de passeio e camionetes)	16,398	14,722	11.4%
Smart nos Estados Unidos	358	278	28.8%
Venda total Mercedes-Benz Estados Unidos (Smart e outros veículos)	16,756	15,000	14.2%

Fonte: The Auto Channel, 2011.

A habilidade de perceber e entender **mudanças no ambiente externo** e de realizar **adaptações internas** para responder a essas mudanças é o que chamamos de *habilidade estratégica*. Em conformidade com essa ótica, o conceito de *estratégia* tornou-se parte das rotinas empresariais, mas ainda é usado de maneira equivocada. **Como um gestor pode administrar estrategicamente se não sabe o que é estratégia?** Ainda há uma grande confusão conceitual, por isso, antes de qualquer coisa, precisamos **dominar o conceito** com o qual trabalharemos.

1.1 Conceito de estratégia

O conceito de estratégia é discutido por vários autores; cada um enfatiza determinado aspecto e busca justificar seus posicionamentos. Isso pode ser explicado pela abrangência do tema e pelas particularidades das pessoas que definem os termos que o envolvem. Podemos exemplificar essa diversidade apresentando o que alguns autores escrevem sobre **estratégia**:

> **Para Magretta e Stone (2003) e Gimenez (2000)**, o conceito de estratégia atrai a atenção e gera controvérsias porque a estratégia é tanto arte quanto ciência.

> **De acordo com Ansoff e McDonnel (1993)**, paradoxalmente, parece haver uma concordância quanto ao fato de que não há consenso sobre o que é estratégia, visto que esta se refere a um conceito fugaz e abstrato.

> **Já Whittington (2002)** defende que o próprio volume da literatura que versa sobre esse tema demonstra as dificuldades de se abordar a questão.

Sertek, Guindani e Martins (2011) explicam que o termo *estratégia* (do grego, *strategos*), inicialmente, referia-se à posição exercida por uma organização dentro de determinado ambiente. Posteriormente, esse termo passou a fazer referência à habilidade gerida, ou seja, a capacidade de os gestores posicionarem a organização dentro de um dado contexto.

Em seguida, o conceito passou a ser considerado um **discurso emitido** e **defendido**, uma declaração formal de onde se quer chegar e que, invariavelmente, adquire o sentido de lutar contra inimigos e vencê-los. Naturalmente, esses inimigos são todas as organizações que desempenham atividades similares e lutam para conquistar os mesmos consumidores.

Com isso, é possível percebermos, então, que o termo em questão costuma ser utilizado para descrever a maneira como as empresas se inserem no mercado escolhido, de forma a ganharem o espaço pretendido.

Para Mintzberg e Quinn (2001, p. 20), estratégia é:

> *Padrão ou plano que integra as principais metas, políticas e sequência de ações em uma organização em um todo coerente. Uma estratégia bem formulada ajuda a ordenar e alocar os recursos de uma organização para uma postura singular e viável, com base em suas competências e deficiências internas relativas, mudanças no ambiente antecipada e providências contingentes realizadas por oponentes inteligentes.*

Andrews (1991) define *estratégia* como um **padrão de decisões** de uma empresa, o qual determina e revela seus **objetivos**, **propósitos**, **metas**, **principais políticas** e **planos** para atingir os objetivos em questão. O autor mencionado também defende que a estratégia engloba a amplitude de atuação da empresa, o tipo de organização econômica e humana que esta deseja ser e o tipo de contribuição que ela deseja conceder aos *stakeholders*.

1.2 Equilibrando as necessidades dos *stakeholders*

O *stakeholder* é alguém que tem interesse no que uma empresa faz ou alguém que exerce algum tipo de influência sobre o negócio. Grandes organizações têm diferentes grupos de *stakeholders*. Alguns são **internos**, como os empregados; outros são **externos**, como o governo. É importante identificar esses grupos, procurar atender às suas necessidades e expectativas e agir de forma responsável diante deles, para evitar conflitos e garantir a prosperidade do negócio e a "licença para operar".

Certa vez, um aluno perguntou como a expressão *estratégia à queima-roupa* poderia ser definida. Conhecendo a definição genérica do termo apresentada anteriormente, em que a estratégia é vista como o alinhamento dos ambientes interno e externo, respondemos o seguinte: "fazer política".

A essência do ato de "fazer política" é **negociar com base em interesses**. Uma boa negociação gera a satisfação mútua de interesses. Por isso, o princípio elementar e básico para se negociar é **conhecer o interesse da outra parte e colocar-se no lugar dela**.

Assim, o diretor de uma empresa, diante do pedido de aumento de salário de um funcionário, não pode apenas responder "sim" ou "não" com base no impacto que esse aumento terá no lucro da organização. Se ele fizer isso, estará levando em consideração apenas o interesse do acionista, e não o do funcionário. Por outro lado, o diretor não pode conceder o aumento somente com base na satisfação do funcionário.

Para esse diretor, "fazer política" é **colocar na balança os interesses do funcionário e do acionista**. É só partindo dessa medição que o diretor poderá tomar uma decisão mais equilibrada.

Portanto, a atividade estratégica consiste, antes de tudo, em **mapear os *stakeholders* e seus interesses**. A partir desse mapeamento, o estrategista poderá agir considerando o equilíbrio das necessidades de seus *stakeholders*.

> Teoria dos *stakeholders* – O propósito das corporações
>
> **De** acordo com Beauchamp e Bowie (2004, p. 45), desde a Grécia Antiga, busca-se a conexão de algo com o seu bom caráter. Analisada do ponto de vista do mundo corporativo, essa conexão implica a investigação do **propósito** das corporações, sendo essa investigação condição necessária para determinar as empresas que são classificadas como "boas".

Quando buscamos compreender o propósito das corporações, percebemos que há duas grandes correntes distintas relacionado ao assunto: a **teoria dos *stockholders*** e a **teoria dos *stakeholders***. A primeira considera que as corporações têm como objetivo a **maximização do lucro**. Assim, os acionistas tornam-se a única parte que interessa na corporação; os demais grupos e/ou indivíduos ficam em segundo plano. Em outras palavras, as demais partes são consideradas apenas **meios** na busca dos interesses dos acionistas. Essa ideia é claramente percebida na fala de Milton Friedman (1970), ganhador do Prêmio Nobel de Economia em 1976. Segundo ele, existe uma, e somente uma, responsabilidade social do negócio: usar os recursos e engajar-se em atividades que visem ao aumento dos lucros (Friedman, 1970).

Por outro lado, a **teoria dos *stakeholders***, que se opõe à visão tradicional, entende que o objetivo da corporação é **servir a todos os *stakeholders***, sejam eles acionistas ou não. Essa teoria traz para a discussão corporativa fundamentos morais, como justiça (Freeman, 1984), bem comum (Argandoña, 1998) e ética feminina (Burton; Dunn, 1996; Dobson; White, 1995; Lietdtka, 1996). Além disso, a discussão em torno da distribuição equilibrada da riqueza gerada pelas corporações (Maitland, citado por Kaler, 2003) acaba por trazer à tona um debate de **cunho ideológico**, referente à **humanização do sistema capitalista**.

Um dos aspectos práticos da teoria dos *stakeholders* no cotidiano dos gestores é a necessidade de se entender que uma organização deve atender a uma série de interesses diferentes e, muitas vezes, contraditórios. Por exemplo: uma empresa petroquímica deve gerar lucro para atender ao interesse financeiro dos acionistas e, ao mesmo tempo, ter um programa de gestão ambiental para ir ao encontro dos interesses da comunidade e do governo. A seguir, detalhamos o caso da Shell, que demonstra essa dinâmica relacional.

Estudo de caso*

A Shell, que é uma empresa anglo-holandesa, produz 2,5% do petróleo e 3% do gás natural do mundo. Petróleo e gás são recursos não renováveis, mas continuam a ser essenciais para suprir as necessidades do mundo, tendo uma demanda crescente.

Os principais *stakeholders* internos da Shell são seus acionistas e funcionários. Vale salientar que os acionistas desempenham um papel crucial na vida da empresa, pois fornecem uma parte considerável do capital necessário para criar e gerir o negócio. Como recompensa, eles recebem uma parte dos lucros sob a forma de dividendos.

Outro grupo importante de *stakeholders* internos é o dos funcionários da organização. A Shell emprega mais de 100.000 pessoas no mundo todo, incluindo gerentes seniores internacionais (especializados em finanças, *marketing*, vendas, prospecção de petróleo e gás e outros aspectos do negócio), geólogos, pesquisadores de mercado,

---
* Adaptado de The Times 100, 2011.

engenheiros, administradores, analistas de negócios e trabalhadores que atuam nas plataformas de petróleo. Com isso, a Shell procura proporcionar aos funcionários boas e seguras condições de trabalho e condições competitivas em termos de emprego. Isso tem uma influência positiva sobre os trabalhadores, uma vez que os mantém seguros e motivados.

Quanto aos *stakeholders* externos da Shell, podemos indicar, primeiramente, os **consumidores**, pois, sem clientes, uma empresa não tem como funcionar. A Shell tem por objetivo "conquistar e manter clientes, desenvolvendo e fornecendo produtos e serviços que ofereçam valor em termos de preço, qualidade, segurança e impacto ambiental, sustentados por *expertise* tecnológica, ambiental e comercial".

Atingir esses objetivos é um desafio, pois os clientes querem bens ou serviços de valor em troca de dinheiro, o que, no caso da Shell, envolve o fornecimento de combustíveis de alta qualidade a preços competitivos. Além disso, cada vez mais, clientes preocupados com a poluição e com os danos ambientais têm exigido combustíveis mais eficientes e limpos, como os biocombustíveis – os quais, é importante ressaltar, também oferecem a possibilidade de diminuir a taxa de emissão de gás carbônico.

Por isso, é fundamental que **segurança** e **redução do impacto ambiental** sejam aspectos considerados ingredientes-chave no processo de pesquisa e desenvolvimento da Shell. A organização precisa responder às mudanças atuais e antecipar as expectativas dos clientes. Nesse contexto, a Shell assume também, consequentemente, o objetivo de ajudar os consumidores a emitir menos gás carbônico.

Seguindo ainda a preocupação com o meio ambiente, entre os tópicos que constituem o conjunto de normas ambientais globais que são aplicadas em todas as empresas da Shell, estão: gerenciamento de gases de efeito estufa, eficiência energética, controle de desperdício e impacto sobre a água.

Outro *stakeholder* que podemos citar são as **comunidades locais**. Por conta disso, as operações de petróleo e gás da Shell têm também como objetivo gerar desenvolvimento econômico e social. Dessa forma, a empresa busca investir em benefícios duradouros para a comunidade, além de parcerias locais, prestando serviços de saúde e apoio para o desenvolvimento de escolas e universidades.

Além dos consumidores e comunidades locais, a Shell precisa trabalhar com outra gama de grupos de interesse, que são os **tomadores de decisão** e os **formadores de opinião**. Nessas duas categorias, estão a academia, o governo, a mídia, as organizações não governamentais (ONGs), os líderes empresariais e a comunidade financeira. Eles interagem com a Shell de diversas maneiras, como descrito a seguir:

- **Governo**: A Shell realiza operações em todas as regiões do globo. Para obter autorizações e operar nos países, ela precisa demonstrar para os governos locais que atua da melhor forma possível. Entre as ações que a empresa promove, estão a criação de empregos e o fornecimento de fontes de energia.
- **Comunidade de negócios**: A Shell fornece produtos e serviços para centenas de empresas, além de efetuar compras.
- **ONGs**: Em 2008, a Shell considerou perfurar uma fonte de três rios importantes na Inglaterra. Esses rios, vale mencionar, fornecem uma base de salmão selvagem e outros recursos naturais. Diante disso, várias organizações foram criadas para proteger as cabeceiras, incluindo a ONG Amigos do Salmão Selvagem. A Shell ouviu as preocupações socioambientais dessas entidades e adiou a perfuração.
- **Meios de comunicação**: São essenciais para garantir que empresas competitivas como a Shell sejam retratadas de maneira positiva. Isso reforça a posição das organizações no mercado e pode ajudar a atrair novos clientes.

Percebemos que a estratégia da Shell, dentro do possível, é **equilibrar as necessidades dos grupos de *stakeholders*.**

Para alcançar esse equilíbrio, a empresa reconhece cinco áreas de responsabilidade: **acionistas, clientes, colaboradores, fornecedores** e **sociedade**. **A comunicação constante com todos esses grupos é fundamental**. Dessa forma, é possível levar em conta as necessidades e expectativas de todos na tomada de decisões.

Ao estabelecerem limites mínimos para a tomada de decisão, as empresas são capazes de equilibrar o seu impacto na vida econômica, social e ambiental. Isso garante que nenhuma decisão afetará mais um grupo de *stakeholders* do que outro. Assim, podemos dizer que as decisões são fundamentadas em três questionamentos:

1. **O** impacto econômico da atividade é capaz de produzir um bom retorno para os acionistas?

2. **O** impacto social será adequado para os funcionários e as comunidades?

3. **O** efeito a longo prazo das atividades prejudicará o meio ambiente?

Com base no exemplo da Shell, podemos perceber que os ambientes interno e externo são compostos pelos *stakeholders*, o que vai ao encontro da posição de Mintzberg (2006), ao afirmar que a essência da estratégia da empresa constitui um padrão de comportamentos que se forma a partir das inúmeras decisões que a organização toma, ao longo do tempo, na tentativa de adaptar-se ao ambiente, ou seja, ao lidar com os interesses dos *stakeholders*.

Durante essa trajetória, a empresa aprende com os erros e responde ao ambiente de uma maneira **desestruturada**, **flexível** e, na maioria das vezes, **reativa**, sem um curso de ação ou plano previamente formulado: apenas uma ideia dá origem a outra, até que um novo padrão se forme. Assim, a ação precede à racionalidade e a estratégia emerge.

1.3
Alinhando conceitos

Em um mundo no qual consultores, palestrantes e articulistas apresentam soluções mirabolantes e "mágicas" para propiciar sucesso aos negócios, há também uma grande **confusão conceitual**. Digamos que uma empresa tenha interesse em melhorar sua estratégia mediante o aperfeiçoamento de seu processo produtivo e, imediatamente, um "palpiteiro de plantão", que não entende nada de estratégia, sugere a seguinte solução: *lean manufacturing*.

Obviamente, essa solução geraria benefícios, mas, considerando-se a visão adotada neste livro, em que a estratégia é vista como uma **adaptação ambiental**, com base nas decisões empresariais padrão, o "palpite" em questão talvez não fosse a sugestão mais apropriada.

Antes de dar qualquer ideia, o "palpiteiro de plantão" deve **analisar o ambiente interno** e o **ambiente externo da organização** e verificar se a sugestão que ele pretende dar proporcionará um ajuste entre o que acontece **dentro** e **fora** da empresa.

O *lean manufacturing*, isoladamente aplicado, é apenas uma ferramenta para **melhorar a eficácia operacional**, não podendo ser, portanto, elevado ao *status* de estratégia organizacional, como muitos consultores fazem.

Para Porter (1999), o conceito de estratégia não pode ser confundido com o de **eficácia operacional**, já que estratégia significaria estabelecer um posicionamento diferenciado em relação à concorrência. Ainda segundo Porter (1999, p. 46-52), "nos anos 70 e 80 os japoneses implantaram novas técnicas que são seguidas por muitas empresas até hoje. Tais técnicas compreendem a gestão da qualidade total, melhoria contínua etc.".

Essas ferramentas proporcionam **vantagens de custo** e de **qualidade circunstanciais e temporárias**, mas não oferecem diferenciais, padronizando a concorrência em termos de produtos e preços.

> *A raiz do problema é a incapacidade de distinguir entre eficácia operacional e estratégia. A busca da produtividade, da qualidade e da velocidade disseminou uma quantidade extraordinária de ferramentas e técnicas gerenciais: Gestão da*

qualidade total, benchmarking, competição baseada no tempo, terceirização, parceria, reengenharia e gestão de mudança. Embora as melhorias operacionais daí resultantes muitas vezes tenham sido drásticas, muitas empresas se frustraram com a incapacidade de refletir estes ganhos em rentabilidade sustentada. E aos poucos, de forma quase imperceptível, as ferramentas gerenciais tomaram o lugar da estratégia. À medida que se desdobram para melhorar todas as frentes, os gerentes se distanciam cada vez mais das posições competitivas viáveis.

[...] após uma década de ganhos na eficácia operacional, muitas empresas estão enfrentando retornos decrescentes. A melhoria contínua foi incluída nos cérebros dos gerentes. Mas, de modo inadvertido, as ferramentas estão arrastando as empresas em direção à imitação e à homogeneidade. Gradualmente, os gerentes permitiram que a eficácia operacional suplantasse a estratégia. O resultado é uma competição de soma zero, com preços estáticos ou declinantes e pressões de custo que comprometem a capacidade das empresas a [sic] investir no longo prazo do negócio. (Porter, 1999, p. 47-52)

Porter (1999) alega que a estratégia deve criar **posições competitivas viáveis** e **sustentáveis**, resultando em **diferencial competitivo**. Em outras palavras, o posicionamento estratégico envolve o desempenho de atividades diferentes das que são exercidas pelos demais ou o desempenho das mesmas atividades de formas diferentes. Por fim, Porter (1999) tece algumas considerações interessantes:

O posicionamento estratégico deve ter um objetivo específico: gerar um retorno superior ao investimento no longo prazo.

A estratégia da empresa deve envolver uma proposição de valor ou um conjunto de benefícios para os clientes, diferente do que foi oferecido pelo concorrente.

A vantagem competitiva sustentável é proporcionada para a empresa que executa atividades diferentes das dos concorrentes ou executa de maneira diferente as mesmas atividades desses concorrentes.

As estratégias envolvem as *trade-offs*. As empresas precisam fazer escolhas, devendo abrir mão de algumas características dos produtos, serviços ou atividades para que haja uma diferenciação em relação à concorrência.

A estratégia define como a empresa faz o *link* entre suas atividades. Envolve escolhas interdependentes ao longo de toda a cadeia de valor.

A estratégia requer continuidade de direção. A empresa deve definir uma posição de valor a ser sustentada a longo prazo, mesmo que isso signifique a renúncia a determinadas oportunidades.

Santos (2009) explica que é necessário entender conceitos fundamentais relacionados à estratégia:

- **Metas ou objetivos**: São decisões que norteiam os resultados que precisam ser alcançados. Todavia, não descrevem a maneira como essas decisões devem ser obtidas. Todo ambiente organizacional complexo tem metas, sendo que as principais, ou seja, aquelas que afetam a direção e a viabilidade total da entidade, são chamadas de *metas estratégicas*.

- **Políticas**: Nessa linha, são estabelecidas regras ou diretrizes que expressam os limites dentro dos quais a ação deve ocorrer. Essas regras, por muitas vezes, podem tomar a forma de decisões contingentes para que haja a resolução de conflitos entre os objetivos específicos.

- **Programas**: Estabelece a sequência das ações necessárias para que os gerentes atijam seus principais objetivos. Expressam como os objetivos serão alcançados dentre os limites estabelecidos pela política.

Além de apresentar essa divisão conceitual, Quinn (2006) alerta para a interpretação do que são **táticas** e afirma que estas **não podem ser confundidas com estratégia**, conceituando-as como atitudes adaptáveis, de curta duração, que podem ocorrer em qualquer nível hierárquico para proporcionar realinhamentos interativos de ação, que levam a organização a atingir objetivos limitados, dentro do escopo estratégico.

Nesse contexto, a estratégia define uma **base contínua** para ordenar essas adaptações em relação a propósitos concebidos de forma mais ampla. No intuito de compreender com mais propriedade o conceito de estratégia empresarial, Mintzberg (2006) define o conceito em questão como um plano e um padrão em dois extremos de um *continuum*, o que seria o momento em que a estratégia de uma empresa se situa em um ponto entre esses extremos, apresentando uma **dimensão planejada** e outra **emergente**.

Para o referido autor, a estratégia é um misto de algo que foi determinado *a priori* com o que realmente aconteceu. Por exemplo: um gerente de ponto de venda de uma rede de lojas que vende chocolates, com base na análise de mercado, planeja abrir 15 lojas no centro de determinada cidade, todas em ruas movimentadas. Com o passar do tempo, ele percebe que lojas abertas no lado esquerdo de uma rua não vendem tanto chocolate quanto lojas localizadas à direita, mas vendem café e chocolate quente em grandes quantidades. Assim, em uma nova onda expansionista, o gerente, com base também na descoberta de que o lucro oriundo da venda de chocolate quente e café é superior ao da venda de chocolate, resolve abrir lojas apenas no lado esquerdo, onde há lojas que vendem só bebidas quentes e frias. Seguindo a lógica de Mintzberg (2006), a abertura das lojas no centro da cidade em questão foi planejada, mas a venda de bebidas no lado esquerdo da rua ocorreu acidentalmente. Vale ressaltar que um bom estrategista sabe compreender o padrão que gerou o sucesso e, a partir desse padrão, consegue confeccionar estratégias subsequentes, baseadas em estratégias emergentes e planejadas.

Como mostra a Figura 1.1, as intenções plenamente realizadas podem ser chamadas de *estratégias deliberadas*. Contudo, paralelamente a elas, podem emergir estratégias nas quais ações tomadas tornaram-se padrões não expressamente pretendidos (Mintzberg; Ahlstrand; Lampel, 2000). Percebe-se, pela figura, que o estrategista planejou uma série de ações. No entanto, por algum motivo, foi necessária a execução de ações que não foram planejadas. Essas ações, vale salientar, emergiram da necessidade do momento.

FIGURA 1.1 – Estratégias deliberadas e emergentes

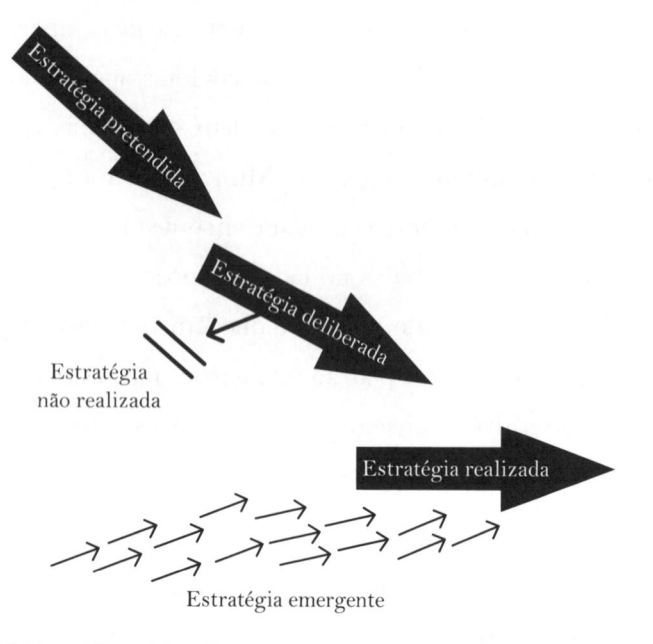

Estratégia pretendida

Estratégia deliberada

Estratégia não realizada

Estratégia realizada

Estratégia emergente

Fonte: Mintzberg; Ahlstrand; Lampel, 2000, p. 19.

Como o ambiente externo é complexo e imprevisível, é necessário que a formação da estratégia seja um processo de aprendizado, em que a formulação e a implementação desta sejam consideradas um procedimento único, ou seja, a estratégia é formulada à medida que é implementada e vice-versa (Zanni, 2003).

O conceito de *estratégia emergente* contrapõe-se à ideia clássica de *estratégia deliberada*, sugerindo maior **flexibilidade** e **autonomia** de ação. Uma estratégia emergente é aquela que aparece em resposta a uma oportunidade ou ameaça do ambiente (Luce; Borges Júnior, 2000).

1.4 Classificação das estratégias

Porter (2004) divide as estratégias em três possíveis níveis hierárquicos: estratégia corporativa, estratégia da unidade de negócios ou empresarial e estratégia funcional.

1. **Estratégia corporativa**: Refere-se a uma corporação ou conglomerado e busca uma sinergia entre as suas unidades estratégicas de negócios. A **estratégia de nível corporativo** está relacionada a duas importantes questões: Em que negócios a corporação deveria atuar? Como a corporação deveria administrar o conjunto de negócios? (Porter, 2004).
2. **Estratégia empresarial**: Também chamada de *estratégia de negócios*, detalha especificamente as ações que a organização adotará para conseguir desenvolver ou manter uma vantagem competitiva, decidindo-se entre: **ficar como está**, **crescer** ou **reduzir**.

    Com base em uma estratégia competitiva genérica, a organização precisa desenvolver **ações pontuais** para colocar em prática sua lógica competitiva de estabilidade, crescimento ou encolhimento. Segundo Porter (2004), uma organização faz uma escolha genérica entre três tipos de estratégia: **liderança de custo**, **diferenciação** ou **enfoque (nicho)**.

Esses assuntos serão tratados com mais profundidade posteriormente, mas, para entendermos e diferenciarmos os conceitos de *estratégia empresarial* e *estratégia competitiva genérica*, recorreremos a um exemplo prático, descrito no boxe a seguir.

Imaginemos que uma rede de **pizzarias** *delivery* estabelece, como estratégia genérica para o conjunto de suas lojas, a **liderança de custo**, ou seja, sua operação será balizada sempre por ações que lhe possibilitarão ter um custo idealmente mais baixo do que o de seus principais concorrentes. Todas as suas ações estarão relacionadas, portanto, à lógica de produzir *pizzas* com o **menor custo possível**. Com base nessa estratégia competitiva genérica, o empresário poderá adotar uma estratégia de negócios estável, de crescimento ou redução.

Se optar por uma **estratégia de crescimento**, a rede de pizzarias procurará vender mais *pizzas* ou abrir mais lojas, mas sempre pensando em fazer isso com **redução de custos**. Na prática, uma ação coerente seria organizar o cardápio com menos tipos de *pizzas* para proporcionar uma **economia de escala**, ou seja, produzir um grande volume de produtos padronizados e obter "renda" com isso.

Com a produção de um grande volume de produtos padronizados, o custo unitário diminuiria, pois o processo seria otimizado. Dessa forma, a pizzaria poderia obter crescimento com uma **estratégia genérica de liderança de custo**.

Por outro lado, se optar por uma **estratégia de estabilidade**, ainda em conformidade com a liderança de custo, a pizzaria poderá melhorar o seu processo de compras, já que, comprando melhor, embora vendendo a mesma quantidade, conseguirá obter ganhos em virtude da redução de custos.

Por fim, se a opção for a **redução**, a pizzaria tentará **cortar custos**, principalmente os fixos, para que, de acordo com a estratégia de liderança em custos, possa conseguir reduzir suas despesas. Um exemplo de ação seria a redução do quadro de funcionários.

3. **Estratégia funcional**: Trata-se daquela que dá suporte à estratégica empresarial dentro de cada função organizacional. Cada área funcional é responsável por um conjunto de ações que, parcialmente, contribuirão para que os objetivos da empresa sejam alcançados. Se um dos objetivos da empresa for promover o crescimento sustentável da organização com qualidade de vida, a área de Recursos Humanos (RH) terá de desenvolver ações capazes de contribuir para que os funcionários tenham qualidade de vida. Já a área de produção fabricará produtos, com foco no crescimento, mas com base em um processo produtivo sustentável. Exemplos de estratégias funcionais são: *marketing*, produção, pesquisa e desenvolvimento (P&D), finanças e RH.

A estratégia corporativa funciona como uma espécie de **guarda-chuva**, proporcionando uma **perspectiva geral** para os negócios da corporação. Embaixo desse guarda-chuva, estão as estratégias empresariais (estratégias das unidades de negócios), ou seja, o que a organização realiza em termos de ações para alinhar o ambiente interno da unidade com o ambiente externo. As ações são especificadas e divididas em estratégias funcionais, que detalham o que cada área funcional fará para que a estratégia empresarial se materialize.

Figura 1.2 – Estratégias corporativa, empresarial e funcional

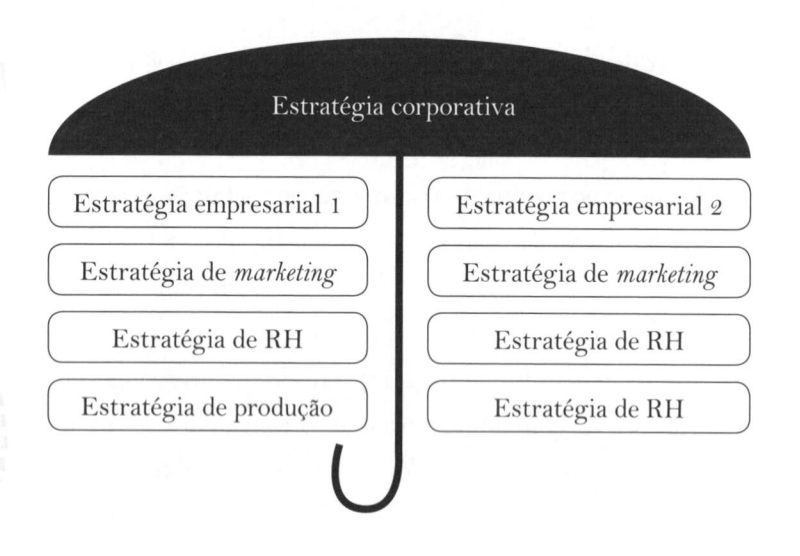

Estratégia corporativa	
Estratégia empresarial 1	Estratégia empresarial 2
Estratégia de *marketing*	Estratégia de *marketing*
Estratégia de RH	Estratégia de RH
Estratégia de produção	Estratégia de RH

1.5 Vantagem competitiva

Segundo Fahy (2000), o estudo da vantagem competitiva está no cerne da literatura sobre gerenciamento estratégico. Nesse sentido, Aharoni (1993) relata que, independentemente das diferentes definições do conceito de estratégia, sua essência está na tentativa de uma empresa atingir e sustentar a vantagem competitiva sobre os concorrentes.

Historicamente, as primeiras referências relativas à vantagem competitiva surgiram na obra de Ansoff (1977), quando este a definiu como a capacidade de perceber de forma proativa e de antecipar as tendências do mercado, ajustando as ofertas de acordo com a percepção obtida.

O termo *vantagem competitiva* foi popularizado com a obra de Porter (1999), que se referia a ele como o objetivo central de uma organização ao abordar a obtenção da vantagem competitiva como sinônimo de sucesso estratégico, ou, como o próprio autor definiu, como a **conquista de uma posição que possibilitaria ganhos acima da média**.

Fahy (2000) relata que definições claras para o termo são raras e frequentemente intercambiáveis por conceitos de competências distintivas. No entanto, como a semântica do termo revela, *vantagem* é um conceito relativo, que só pode existir em comparação com outro elemento ou grupo de elementos. Segundo o autor, os recursos, por si sós, não conferem vantagem competitiva sustentável. Com base em Williams (1992), o autor sugere que os recursos devem ser gerenciados de modo a serem convertidos em algo que represente **valor** ao consumidor.

Esse entendimento é condizente com o que Porter (1999) definiu como *percepção de valor pelo consumidor*, ao afirmar que os compradores não pagarão por um valor que não percebam, não importando quão real ele possa ser.

Na opinião de Barney e Clark (2007), uma empresa gera uma vantagem competitiva quando adota uma estratégia que crie valor e não possa ser simultaneamente implementada pelos concorrentes. Com base nesse entendimento, o autor defende que a vantagem competitiva pode ser medida em termos de desempenho ao estabelecer os seguintes parâmetros em relação aos concorrentes: **normal**, **abaixo do normal** e **acima do normal**. Essas categorias, vale mencionar, derivam da **microeconomia** e referem-se ao nível de desempenho da empresa sob perfeitas condições de competição.

De acordo com essa classificação, ter um **desempenho normal** significa que o valor criado por uma empresa, ao explorar determinados recursos, gera o suficiente para compensar as expectativas dos proprietários desses recursos. Assim, as empresas serão sobreviventes, obtendo **paridade competitiva** na indústria. Quando a exploração dos recursos gera valor **abaixo do normal**, a empresa recai em uma situação de **desvantagem competitiva**, estando sob o risco de os proprietários dos ativos procurarem outras alternativas e migrarem seus recursos para um contexto no qual as expectativas de valor são melhores. Por fim, quando uma empresa gera valor **acima do normal**, obtém algum tipo de vantagem competitiva (Barney; Clark, 2007).

Na visão de Porter (1999), a vantagem competitiva deve ser **sustentável**, ou seja, deve ser a base para um desempenho acima da média no longo prazo. Segundo o autor, ela resulta da habilidade que a empresa tem de lidar melhor que seus rivais com as **cinco forças competitivas** (Porter, 2004).

McGrath, MacMillan e Venkataraman (1995) defendem que a sustentabilidade da vantagem competitiva não é relativa a um período de tempo no calendário nem significa que persistirá indefinidamente, mas que depende da possibilidade de **não replicação estratégica**. Ou seja, uma organização conseguirá manter sua vantagem perante os concorrentes desde que estes não consigam copiar ou replicar o conjunto de suas práticas.

Diante do que foi exposto até aqui, você consegue identificar alguma vantagem competitiva nas empresas que você conhece? Independentemente do tamanho das organizações, podemos citar algumas **fontes** de vantagens competitivas obrigatórias:

1. Ter uma marca conhecida, devidamente registrada, que seja destacada em rótulos, papéis, notas fiscais, carros da empresa, uniformes dos funcionários etc.

2. Fazer menção à localização da empresa, o que facilita a distribuição dos produtos por rodovias, portos e aeroportos, favorecendo também o acesso de seus funcionários e clientes.

3. Ter qualidade superior nos produtos, o que deve ser percebido pelos clientes.

4. Ter força de vendas, o que faz com que a empresa seja bem relacionada, treinada e conheça realmente as necessidades e desejos dos clientes.

5. Ter uma boa reputação, o que faz com que os clientes e fornecedores da organização confiem nela.

Indicações culturais

Filme

UMA verdade inconveniente. Direção: Davis Guggenheim. EUA: Paramount, 2006. 100 min.

Nesse documentário, Al Gore, ex-vice-presidente dos Estados Unidos, faz uma análise relativa ao aquecimento global, revelando os mitos e equívocos existentes sobre o tema e também possíveis soluções para que não haja uma catástrofe climática no planeta.

Livro

LIKER, J. K. **O modelo Toyota**: 14 princípios de gestão do maior fabricante do mundo. São Paulo: Bookman, 2005.

Os autores tratam dos princípios do sistema Toyota de produção, que tornou essa montadora de carros a mais lucrativa do mundo. O sistema tem fundamento na produção enxuta, ou seja, a organização deixou de lado a tradicional produção em massa e passou a operar com base no chamado *sistema puxado*, começando a produzir em concordância com a demanda do mercado.

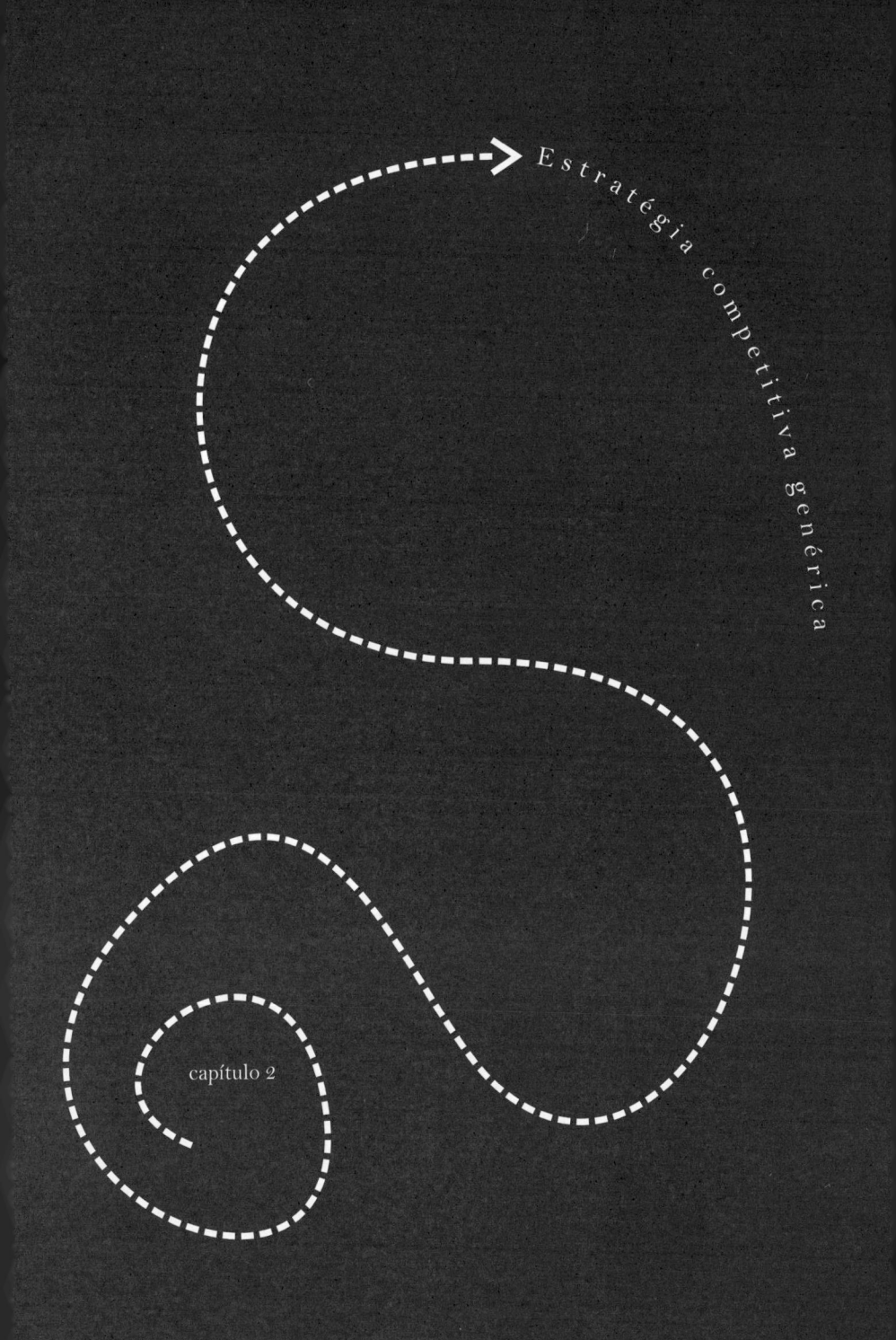

Estratégia competitiva genérica

capítulo 2

Para que você entenda o que iremos definir a seguir, isto é, o conceito de *estratégia competitiva genérica*, recorreremos a um conceito simples, o de *classificação*. Classificar algo é **identificar atributos, características-chave**, que servem como base para a dedução de outras características. No que diz respeito ao estudo da estratégia, a classificação é algo bastante útil, pois, com base nela, o pesquisador ou executivo pode reduzir a interpretação da combinação de variáveis múltiplas a questões essenciais para a confecção de algo.

Essa abordagem classificatória em grupos previamente definidos ou categorias derivantes, geralmente chamada de *tipologia* ou *taxionomia estratégica*, procura agrupar organizações que apresentam uma natureza estratégica. Resumidamente, a **estratégia genérica** é uma categorização ampla de escolhas genéricas que podem ser aplicadas em diversos contextos, ou seja, em diversos setores da economia, ou, como Porter (2004) prefere dizer, das indústrias (Martins et al., 2009).

Assim, as estratégias competitivas genéricas estão ligadas diretamente às **tomadas de decisões** dos gestores, principalmente por estarem envolvidas nos processos de formulação, avaliação e seleção estratégica. Elas podem ser aplicáveis em diversas organizações, independentemente de seu porte e natureza. No entanto, essas estratégias referem-se a um estudo inicial das futuras ações, pois reúnem um conjunto de opções estratégicas competitivas.

A estratégia competitiva genérica pode ser desenvolvida com base em dois modelos: um para fora (externo) e outro para dentro da empresa (interno).

- **Modelo externo**: Parte do princípio de que as estratégias são estabelecidas mediante o posicionamento no mercado em relação à lucratividade. Nesse caso, destacam-se os estudos de Michael Porter.
- **Modelo interno**: Por sua vez, "refere-se aos conceitos de competências essenciais e de visão baseada em recursos" (Piotto; Saes, 2012, p. 3). De acordo com essa visão, a empresa é considerada um **pacote de recursos tangíveis e intangíveis** ou um **portfólio de competências** que representam a principal fonte de vantagem competitiva. Tudo isso para que a organização obtenha desempenho superior e retornos acima da média (Piotto; Saes, 2012).

Observa-se, portanto, que os modelos estratégicos se complementam, pois, enquanto um foca no mercado, o outro foca internamente, na empresa.

2.1

O modelo de Porter

O modelo de formulação da estratégia competitiva fundamentado em Michael Porter (2004) representa a **perspectiva externa**, de fora para dentro, em que os **fatores estruturais** da indústria têm preponderância na formulação da estratégia competitiva, por serem os **determinantes primários** do desempenho da empresa. Encontrar uma posição favorável na indústria seria a maneira de levar a organização a alcançar retornos superiores sobre o investimento a longo prazo. Esse modelo parte da análise estrutural da indústria e da compreensão das forças que regem a competição.

Análise estrutural da indústria e as cinco forças competitivas

A metodologia de análise industrial é uma ferramenta robusta para a compreensão do ambiente competitivo, fato que, teoricamente, permite à empresa formular uma **melhor estratégia competitiva**.

O conceito de Porter (2004) engloba a **rivalidade ampliada**, em que a competição não é determinada apenas pelos concorrentes, mas por outros fatores competitivos, como clientes, fornecedores, produtos substitutos e entrantes potenciais. Em cada indústria, forças diferentes podem assumir a predominância da influência sobre a concorrência.

> Atualmente, na indústria da construção civil, encontramos um mercado extremamente aquecido em decorrência de fatores como a execução de projetos habitacionais do governo, como o **Minha Casa, Minha Vida**; uma demanda e oferta reprimidas, desde os anos 1990; e o bom desenvolvimento econômico do país. Assim, há um grande número de construtoras operando no setor, apesar de, atualmente, a competitividade desse setor não ser determinada pela quantidade de concorrentes, mas pela **falta de mão de obra qualificada** e pela **escassez de matérias-primas**, como o cimento. Em outras palavras, nesse setor, os fornecedores são uma força competitiva muito mais influente que o número de concorrentes.

Para Porter (1986, p. 22), "a essência da formulação de uma estratégia competitiva é relacionar uma companhia ao seu meio ambiente", sendo o aspecto principal desse meio a indústria na qual a organização compete. Porter (1986), com essa observação, refere-se à necessidade de se saber lidar com a competição e compreender a estrutura industrial da qual a organização faz parte.

A indústria em que a empresa atua é, dessa forma, o componente mais relevante do ambiente em que ela compete. Segundo o autor, **cinco forças básicas** dirigem a concorrência e determinam o seu potencial de lucro, que é medido por meio da taxa de retorno a longo prazo sobre o capital investido.

Essas forças são:

1. **ameaça de novos entrantes**;
2. **intensidade da rivalidade entre os concorrentes existentes**;
3. **ameaça de produtos ou serviços substitutos**;
4. **poder de negociação dos compradores**;
5. **poder de negociação dos fornecedores**.

A análise estrutural fornece a base para a formulação de uma estratégia competitiva. Conforme Porter (1986, p. 22), "a meta da estratégia competitiva para uma unidade empresarial em uma indústria é encontrar uma posição dentro dela em que a companhia possa melhor se defender contra estas forças competitivas ou influenciá-las em seu favor". O autor define *indústria* como o "grupo de empresas fabricantes de produtos que são substitutos bastante aproximados entre si" (p. 24). As cinco forças que dirigem a concorrência e determinam a rentabilidade de uma indústria podem ser visualizadas na Figura 2.1.

Figura 2.1 – As cinco forças competitivas de Porter

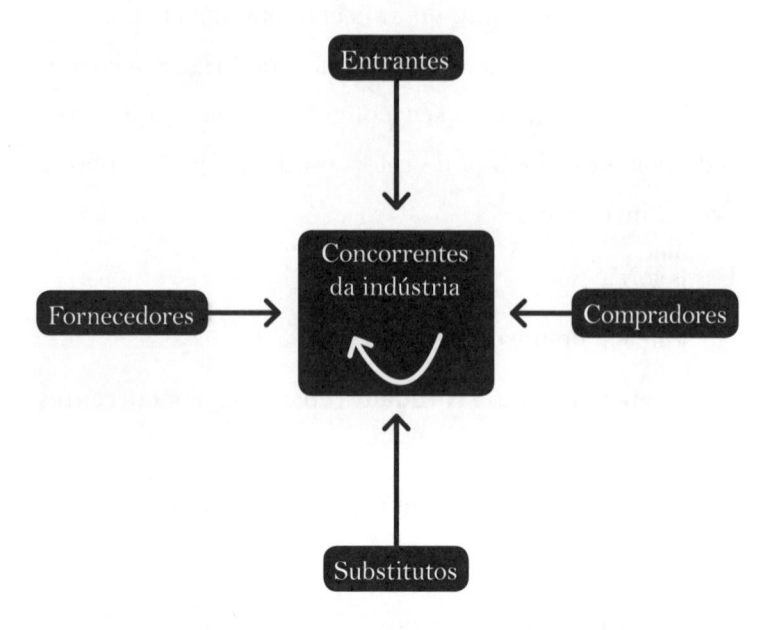

```
                    ┌───────────┐
                    │ Entrantes │
                    └─────┬─────┘
                          ↓
┌──────────────┐    ┌───────────────┐    ┌────────────┐
│ Fornecedores │ →  │  Concorrentes │ ←  │ Compradores│
└──────────────┘    │   da indústria│    └────────────┘
                    └───────▲───────┘
                            │
                    ┌───────┴────┐
                    │ Substitutos│
                    └────────────┘
```

Fonte: Adaptado de Porter, 1980, p. 52.

Entrantes

São empresas novas, que ainda não têm uma atuação na indústria, mas que possuem a capacidade de fazê-lo. Novas empresas trazem novas capacidades e recursos para determinada indústria com o objetivo de **ganhar parcela de mercado**. A rentabilidade é reduzida porque os preços caem e os custos são inflacionados. A ameaça depende das **barreiras existentes**: se estas forem altas, o recém-chegado encontrará retaliação acirrada dos concorrentes que estão na defensiva. Há **sete fontes** de barreiras de entradas comentadas a seguir:

1. **Economias de escala**: O custo do produto cai proporcionalmente ao alto volume produzido. Assim, o entrante tem de chegar à indústria e adotar a economia de escala para competir – o que é muito arriscado – ou se sujeitar à desvantagem do custo. Uma organização com unidades empresariais em diferentes indústrias pode conseguir o mesmo benefício de uma economia de escala se conseguir compartilhar operações ou funções com outros negócios da companhia. Isso se torna ainda mais interessante se os custos forem conjuntos. Nesse contexto, uma situação comum e interessante é o **compartilhamento dos ativos intangíveis** (marca, *know-how*). Quando existem vantagens econômicas na integração vertical, o entrante deve ter a mesma estrutura. Caso contrário, enfrentará a desvantagem do custo.

2. **Diferenciação do produto**: As empresas estabelecidas na indústria já têm uma marca consolidada, com a qual os clientes se identificam. Assim, os entrantes têm de fazer altos investimentos para desvincularem os clientes das marcas estabelecidas.

3. **Necessidades de capital**: Os entrantes têm de investir muito para se instalarem em uma indústria.

4. **Custos de mudança**: O comprador incorre em custos para mudar de fornecedor. Assim, o entrante precisa oferecer um aperfeiçoamento substancial em custo ou desempenho para justificar o fato de um comprador deixar de adquirir de um produtor já estabelecido.

5. **Acesso aos canais de distribuição**: O novo entrante deve assegurar a distribuição do seu produto. Ele precisa convencer os canais de distribuição a aceitarem o seu produto. Às vezes, a barreira é tão alta que o entrante precisa criar um canal de distribuição próprio.

6. **Desvantagens de custo independentes de escala**: As empresas estabelecidas podem ter vantagens de custos impossíveis de serem igualadas – tecnologia patenteada do produto, acesso favorável a matérias-primas, localizações favoráveis, subsídios oficiais, curva de aprendizagem ou experiência.

> 7. **Política governamental**: O governo pode impedir ou limitar a entrada em indústrias por meio de controles, licenças de funcionamento e limites a matérias-primas.

Além das barreiras de entrada, o entrante ainda terá de lidar com:

- **Retaliação prevista**: O entrante pode prever a possibilidade de retaliação dos concorrentes por meio de alguns indicadores: passado de retaliações; empresas com recursos substanciais excessivos, representados na capacidade de produção futura; alto grau de comprometimento com a indústria; crescimento lento da indústria.
- **Preço de entrada dissuasivo**: Os preços praticados pelas empresas dentro de um mercado servem para equilibrar os resultados esperados com seus custos. Assim, uma empresa disposta a entrar no mercado deve ter em mente que deverá praticar os preços médios desse mercado e verificar se estes cobrirão seus custos e lhe proporcionarão lucro. Um técnica utilizada por empresas que atuam no mercado é praticar um **preço dissuasivo**, ou seja, fixar um valor abaixo do preço dissuasivo hipotético, fazendo com que o entrante acredite que o mercado não é lucrativo.

As barreiras de entrada podem mudar à medida que as condições mudam. Às vezes, essas barreiras se alteram em razão de fatores que estão fora do controle da empresa, mas suas decisões estratégicas também influenciam a mudança. Algumas organizações conseguem superar as barreiras de entrada de uma indústria porque dispõem de **recursos** e **competência**.

A economia de escala se traduz em uma **vantagem de custo** para a empresa que opera em maior escala em relação à de pequena escala. Essa vantagem só pode ser igualada em uma escala comparável ou na divisão de custos. No entanto, há alguns limites quanto às economias de escala como barreira de entrada, sendo um exemplo o fato de elas poderem envolver *trade-offs* com outras barreiras importantes (uma mudança tecnológica, por exemplo). Buscar vantagem competitiva somente por meio do custo que a economia de escala acarreta pode fazer com que a empresa não veja outras possibilidades, geradas por fatores como a inovação.

A presença da experiência por si só não representa uma barreira, pois outras empresas podem copiá-la, seja pela contratação de empregados com a experiência necessária, seja pela aquisição de tecnologia imbutida de experiência e *know-how*. Outros limites são: a tecnologia; os *trade-offs*; o fato de muitas empresas construírem sua estratégia em torno da experiência; e o desvio da atenção em relação à experiência, causado pelo declínio do custo.

> Um exemplo de setor em que essa força tem grande impacto é o de **restaurantes por quilo** no centro de qualquer cidade, pois as barreiras de entrada são mínimas. Assim, qualquer jovem empreendedor com poucos recursos pode abrir um restaurante como esse. Se você é dono de um empreendimento com as características descritas anteriormente, deve monitorar, o tempo todo, a **abertura de novos restaurantes**, uma vez que os novos entrantes podem gerar **instabilidade constante**.
>
> Um dono de restaurante pode se prevalecer de algumas táticas para evitar essas entradas. Vamos exemplificar: suponha que um imóvel perto do restaurante em questão ficou vago. Para evitar uma entrada, o empresário poderia alugar o espaço. Além disso, ele poderia abrir outro restaurante no imóvel. Caso alguém entrasse na mesma indústria, o dono do restaurante poderia baixar seus preços para não deixar o entrante decolar na atividade, por mais que tivesse prejuízos temporários.

Intensidade da rivalidade entre os concorrentes existentes

A concorrência ocorre em virtude da **necessidade de posicionamento**. Os concorrentes sentem-se pressionados ou percebem uma oportunidade para melhorar a posição. Na indústria, os movimentos competitivos mexem com toda a estrutura, já que as empresas são **mutuamente**

dependentes. A seguir, apresentamos alguns fatores importantes relacionados à rivalidade entre os concorrentes.

- **Concorrentes numerosos ou bem equilibrados**: Mesmo quando o número de concorrentes é muito grande ou há equilíbrio em termos de tamanho e recursos, as empresas são notadas ao se movimentarem. Geralmente, duas ou três empresas líderes dominam a indústria. Com base na liderança de preço, elas são responsáveis por coordenar a indústria.

- **Crescimento lento da indústria**: Transforma o "jogo" em uma luta por parcelas de mercado.

- **Custos fixos ou de armazenamento altos**: Parte dos custos das empresas vem de insumos externos, e elas sentem pressão para que produzam à plena força, com o objetivo de que atinjam um ponto de equilíbrio financeiro e produtivo. Um produto, às vezes, é muito caro para ser mantido em estoque. Por isso, acaba sendo vendido a um baixo preço.

- **Ausência de diferenciação ou custos de mudança**: A concorrência pode fundamentar-se somente no preço; nesse caso, não há necessidade de diferenciação. Mediante a diferenciação, a empresa se torna capaz de sair do bolo de concorrentes que brigam somente por meio do preço. Se uma empresa tiver algo diferente, valorizado pelos consumidores, ela não precisará ter o menor preço, e, sim, um preço compatível com a diferença que consegue ter.

- **Concorrentes divergentes**: Alternativas estratégicas para determinados concorrentes podem ser consideradas erradas para outros.

- **Grandes interesses estratégicos**: A rivalidade é ainda maior quando um dos concorrentes tem muitos interesses em jogo.

- **Barreiras de saída**: São fatores econômicos, estratégicos e emocionais que mantêm as companhias competindo em alguns aspectos, mesmo que estejam obtendo baixo retorno. Entre esses aspectos, estão ativos especializados, custos fixos de saída, inter-relações estratégicas, barreiras emocionais e restrições de ordem governamental e social.

Os fatores que determinam a rivalidade, apresentados anteriormente, podem mudar. Podem, por exemplo, ser as alterações no crescimento da indústria e as inovações tecnológicas. Outra mudança comum ocorre quando, em função de uma aquisição, determinada empresa com padrões diferentes das demais entra na indústria.

Indústrias que têm um crescimento rápido são compostas por empresas que duelam de maneira intensa, como a indústria de **serviços de telefonia celular**, que cresce assustadoramente no Brasil. Desde a abertura do mercado, em 1998, o setor cresceu 35 vezes. Além disso, o número de celulares, que até então estava na faixa de 7,4 milhões, passou para 258 milhões em 2012. Para que tenhamos uma noção da dimensão desse crescimento, um celular é ativado a cada segundo no Brasil (Privatização..., 2012). Com esse crescimento, as operadoras de telefonia celular travam verdadeiras batalhas para conquistar clientes e "machucar" seus concorrentes.

Pressão dos produtos substitutos

As empresas de determinada indústria competem indiretamente com indústrias que fabricam **produtos substitutos***. A pressão aumenta de acordo com o **preço/**

---

* Produtos substitutos são aqueles que desempenham a mesma função dos produtos da indústria em questão.

desempenho oferecido pelo substituto. Vale mencionar que a indústria pode posicionar-se coletivamente por meio de ações conjuntas contra substitutos. Nesse sentido, deve-se prestar mais atenção a substitutos que **estão sujeitos a melhoramento do *trade-off* da indústria em questão e são produzidos por indústrias lucrativas**. Um exemplo clássico desse tipo de pressão é o sofrido pela indústria de **filmes para máquinas fotográficas**, quase totalmente substituídos pela tecnologia digital. Esse setor, por sua vez, enfrenta a concorrência da indústria de **aparelhos celulares**.

Poder de negociação dos compradores

Os compradores competem exigindo **preços baixos** e **qualidade**, jogando os concorrentes uns contra os outros. Um grupo de compradores poderá ser considerado poderoso se:

> - **e**stiver concentrado ou adquirir grandes volumes em relação às vendas. Por exemplo: digamos que uma empresa fabrica equipamentos hospitalares específicos que são vendidos somente para dois hospitais. Estes, vale salientar, têm grande poder de barganha;

- **o**s produtos que adquirir representarem uma fração significativa de suas próprias compras. Por exemplo: imaginemos que uma pessoa utiliza 50% do seu orçamento para a compra de certos tipos de produtos. Considerando isso, é razoável imaginarmos que ela pesquisará e obterá informações sobre esses produtos constantemente, não é mesmo? Sendo ela uma consumidora informada, terá um poder de barganha alto, já que poderá discutir com o fornecedor termos, opções, especificações e alternativas de compra relacionadas aos produtos em questão;

- **o**s produtos forem padronizados e não diferenciados. Um exemplo disso são medicamentos genéricos. Quando um remédio perde a patente, ou seja, seu laboratório não é mais o único a fabricá-lo, o consumidor sabe que não há diferença entre o genérico e o comum. Assim, a escolha do produto a ser adquirido passa a ser feita considerando-se o preço;

- **e**nfrentar poucos custos de mudança, ou, em outras palavras, quando a dificuldade para trocar de fornecedor for pequena. Por exemplo: trocar de supermercado é uma escolha que envolve poucos custos. Por outro lado, trocar de fornecedor de serviços bancários envolve tempo e desgaste emocional;

- conseguir lucros baixos (a compra não envolve obtenção de lucro). Um atacadista tem poder de barganha porque seus lucros estão relacionados com a compra que ele realizou;

- houver ameaça concreta de integração para trás (possibilidade de o comprador adquirir seus produtos de alguém que está acima do vendedor na cadeia de valor). Por exemplo: em vez de comprar do varejista, o comprador adquire o produto diretamente do atacadista, por um preço menor;

- o produto da indústria não for importante para a qualidade dos produtos ou serviços do comprador. Digamos que o comprador adquire insumos para fabricar e vender seus produtos. Nesse contexto, a caixa que compõe a embalagem de um perfume de grife, por exemplo, é importante, então o comprador tomará muito cuidado e dedicará muito tempo para especificar e negociar essa caixa;

> - tiver informações sobre o que está comprando. Por exemplo: imaginemos que, ao adquirir produtos para a sua empresa de alta tecnologia, um comprador profissional tem as informações sobre o que está adquirindo. Nesse caso, o trabalho do vendedor fica bastante limitado.

A empresa deve adotar como parte de sua estratégia a escolha dos grupos de compradores a quem vender, ou seja, a **seleção de compradores**.

O varejo da moda é um exemplo de setor econômico dominado pela força dos consumidores, pois as empresas estão sempre prestando atenção às necessidades deles, visto que, em razão da grande oferta, estes são cada vez mais exigentes.

Poder de negociação dos fornecedores

Fornecedores poderosos afetam a **rentabilidade** da indústria quando esta não consegue repassar os aumentos de custos para os preços. Um grupo de fornecedores poderá ser considerado poderoso se:

- for dominado por poucas companhias e for mais concentrado do que a indústria para a qual vender;
- não estiver obrigado a lutar com outros produtos substitutos na venda para a indústria;
- a indústria não for um cliente importante para o fornecedor;
- o produto do fornecedor for um insumo importante para o negócio do comprador;
- os produtos forem diferenciados ou o grupo desenvolver custos de mudança,
- o grupo de fornecedores for uma ameaça concreta de integração para frente.

Além do conceito tradicional de fornecedores, consideramos também a **mão de obra**, que segue os mesmos princípios determinantes de poder, além do grau de organização.

Um exemplo de indústria dominada pelos fornecedores é o setor de **postos de combustível**, pois, no Brasil, o fornecimento é dominado indiretamente por uma única empresa, a Petrobras.

Além das cinco forças competitivas apresentadas anteriormente, Porter (2004) cita também o **governo**. Em muitas indústrias, o governo é comprador ou fornecedor e pode influenciar a concorrência mediante as políticas adotadas. Ele também atinge a posição de uma indústria com substitutos por meio de regulamentações, subsídios e outros meios, além de afetar fatores como a rivalidade entre os concorrentes, o crescimento da indústria e a estrutura de custos desta.

É a atuação das cinco forças competitivas básicas em conjunto que determina o **potencial de lucro da indústria**. Forças diferentes podem assumir a predominância em indústrias diferentes. Da mesma forma, podem se modificar ao longo do tempo.

Como explica Porter (1989, p. 3-4), a rentabilidade da indústria é determinada pelas cinco forças, já que estas influenciam os preços, os custos e o investimento das empresas, ou seja, os fatores do retorno sobre o investimento.

O posicionamento competitivo da empresa deve considerar as **forças básicas** e suas **causas**. A estratégia competitiva deve auxiliar na criação de uma posição defensável contra as cinco forças competitivas que agem na indústria, seja posicionando a organização onde essas forças são fracas, seja construindo defesas contra elas. A empresa pode ainda tentar influenciar o equilíbrio de forças agindo ofensivamente, como no caso de uma **integração vertical**. Uma terceira abordagem consiste na antecipação de possíveis mudanças nas forças competitivas predominantes na indústria; nesse caso, a empresa deve fazer o necessário para explorar essas mudanças antes dos concorrentes (Porter, 1990, p. 45-46).

Grupos estratégicos

Depois de identificar a intensidade de cada uma das forças, é interessante que a empresa analise os **grupos estratégicos** dentro da indústria em que está inserida.

Podemos definir *grupos estratégicos* como grupos de empresas que competem dentro de uma indústria com estratégias similares[*] (Cool; Schendel, citados por Martins et al., 2009, p. 7). Estudos demonstram que empresas que pertenciam ao mesmo grupo obtiveram desempenhos parecidos, enquanto outros grupos obtiveram resultados diferentes. Essas diferenças estão fundamentadas na **teoria**

---

[*] Essas estratégias dizem respeito à estrutura de custo, ao grau de diversificação de produtos, à organização formal, aos sistemas de controle, ao gerenciamento de recompensas e punições, às visões pessoais e preferências para possíveis resultados (Fiegenbaum; Thomas, 1993).

da **organização industrial***, segundo a qual as empresas que estão no mesmo grupo estratégico tendem a se distanciar das que não estão, buscando criar barreiras para que essas organizações não apliquem e não adotem estratégias semelhantes.

É por esse motivo que empresas em grupos diferentes estão submetidas a ambientes competitivos distintos, com variados potenciais de rentabilidade. Segundo Caves e Porter (1977), tais circunstâncias promovem **heterogeneidade** no desempenho entre grupos.

A lógica apresentada aqui pode ser mais bem visualizada na Figura 2.2, apresentada a seguir.

---

* A teoria da organização industrial, utilizada como base para o modelo das cinco forças de Porter, trabalha com o relacionamento entre as empresas e seus respectivos mercados. Diferentemente do modelo de concorrência perfeita, essa teoria ressalta que fricções do mundo real, como informação limitada, custos de transação, ajuste de preços, intervenções governamentais e barreiras à entrada de novas empresas, interferem no estabelecimento do padrão competitivo. Assim, a teoria da organização industrial, que está pautada nos trabalhos de Edward Chamberlin, Edward S. Mason e Joe S. Bain, considera que, a partir das fricções mencionadas, empresas se organizam e competem no setor (Brue, 2005).

Figura 2.2 – Estrutura do ambiente estratégico

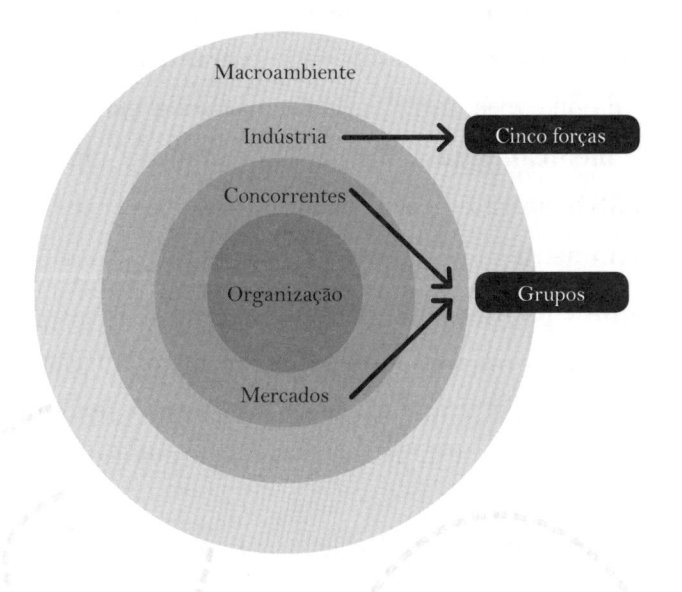

Macroambiente
Indústria → Cinco forças
Concorrentes
Organização → Grupos
Mercados

A Figura 2.2 pode ser interpretada da seguinte forma: toda organização está inserida em um **macroambiente**, composto por variáveis políticas, culturais, sociais, econômicas, tecnológicas, legais e ambientais. Em uma camada mais próxima da organização, está a indústria à qual ela pertence. Para analisar a indústria, utilizamos a lógica das cinco forças competitivas, apresentadas anteriormente. Abaixo das cinco forças, e mais próximo ainda da organização, está o **grupo estratégico** a que essa organização pertence. Para determinar o grupo estratégico, devemos analisar as atividades estratégicas da organização e a maneira como a empresa compromete seus recursos, ou, em outras palavras, como a empresa usa seus recursos em termos de atividades.

Por exemplo: digamos que uma cidade de **200.000 habitantes** tenha **10 farmácias** e você, que é dono de uma delas, está pensando em abrir outra, um pouco diferente da que você opera (uma **farmácia de manipulação de medicamentos**). Para isso, decide fazer uma rápida **análise estratégica**. Primeiramente, você analisa o **macroambiente**:

- **Fatores políticos**: O governo incentiva, de forma geral, setores relacionados à saúde. Portanto, a maioria dos fatores políticos é favorável, com exceção dos fatores legais, que constituem um setor com uma legislação muito pesada.
- **Fatores econômicos**: A cidade passa por um *boom* econômico, já que há uma demanda por empresas da área da saúde.
- **Fatores sociais**: Como há um maior número de pessoas com plano de saúde e a expectativa de vida no Brasil tem aumentado consideravelmente (IBGE, 2012), o setor de farmácias pode se beneficiar disso.
- **Fatores tecnológicos**: A tecnologia da informação e comunicação permite uma estratégia de distribuição e armazenamento de medicamentos mais adequada do que antigamente.

Com base nessa análise, a abertura de uma farmácia na cidade parece ser um bom negócio. Agora, passemos à análise das **cinco forças competitivas** no contexto desse exemplo.

- **Substitutos**: É muito difícil, principalmente em virtude da legislação, que haja substitutos para uma farmácia. Talvez os supermercados, no futuro, possam vender alguns medicamentos, mas isso não afetaria muito o negócio.
- **Entrantes**: Trata-se de um setor com nível de barreira de entrada médio, pois a necessidade de capital não é muito grande, mas a necessidade de conhecimento do setor, principalmente para se adaptar às exigências legais, é importante. Contudo, vale ressaltar, não é com a força que devemos nos preocupar.
- **Concorrentes**: Das dez farmácias da cidade, apenas uma é de manipulação. Assim, há pouca concorrência.
- **Clientes**: Como há apenas uma farmácia de manipulação na cidade, se uma pessoa precisar de um medicamento manipulado, deverá sujeitar-se às exigências da farmácia em questão.
- **Fornecedores**: Você dependerá da matéria-prima fornecida para produzir seus medicamentos. Provavelmente a farmácia de manipulação estabelecida tentará fazer com que você tenha dificuldade de acesso ao que precisa para produzir seus remédios.

A análise das cinco forças também mostra que a indústria é bastante atraente e que a competição é determinada pelos fornecedores. Assim, se conseguir ter acesso aos seus insumos por um preço competitivo, você poderá ter sucesso na operação!

Por fim, você precisa fazer a análise dos grupos estratégicos, já que, das dez farmácias da cidade, três são filiais de grandes redes da capital do estado, localizadas no centro da cidade em lojas grandes; quatro estão espalhadas pelos bairros da cidade, enquadrando-se no conceito de "farmácia de bairro*"; e duas estão no centro da cidade, em lojas de tamanho médio, e vendem somente remédios genéricos, preferencialmente para as classes C e D.

Outro aspecto a ser considerado é que há uma farmácia de manipulação no centro da cidade, em uma loja grande, que produz quase que exclusivamente cremes dermatológicos para a classe A. Você é dono de uma das farmácias de médio porte que vende para as classes C e D, e o seu objetivo é **abrir uma farmácia de manipulação de remédios de baixo custo**. Dessa forma, não ficará no mesmo grupo que a outra farmácia de manipulação; ficará sozinho, em um **grupo estratégico**. Você deve, então, considerar que não compete diretamente com as outras farmácias, o que torna o seu negócio interessante, desde que saiba lidar com os concorrentes.

* Trata-se de uma pequena farmácia independente que atende à vizinhança e pertence a determinado proprietário e sua família.

Estratégias competitivas genéricas de Porter

A partir de uma boa análise do ambiente externo, com base na análise das cinco forças competitivas, uma organização que pode obter vantagem competitiva ao longo do tempo, segundo Porter (1980), deve escolher entre três tipos de estratégia: liderança em custo, diferenciação e enfoque.

1. **Liderança de custo**: Uma organização que deseja ser "a" líder de determinado setor em termos de custo precisa ser o produtor com mais baixo custo dentre seus concorrentes. Dessa forma, ela pode comandar os preços praticados desde que tenha paridade ou proximidade com o que seus concorrentes fazem em termos de diferenciação. Geralmente são empresas com uma atuação ampla, como a Votorantim.
2. **Diferenciação**: Com base no que seus compradores valorizam, a empresa adota a estratégia de ser diferente de seus principais concorrentes em alguns atributos, como qualidade, entrega e imagem. Mesmo buscando essas diferenças, ela deve ter paridade ou proximidade em relação aos custos de seus concorrentes. A Apple® é uma empresa que adota uma estratégia de diferenciação que tem base principalmente em qualidade e *design*.
3. **Enfoque** (Foco ou nicho): É a empresa que adota uma estratégia de foco e atua em um mercado bem reduzido.

Assim, ela procura encontrar um segmento bem específico, com base na singularidade geográfica, nas exigências especiais ou nas características particulares do produto ou serviço que tem apelo a determinado tipo de consumidor. Por mais que o mercado seja bastante limitado, a empresa que utiliza a estratégia do enfoque pode ter liderança em custos ou diferenciação dentro do escopo estabelecido. Um exemplo de estratégia de foco é o mercado de relógios de luxo, com marcas como Rolex ou Bulgari.

Figura 2.3 – Três estratégias genéricas

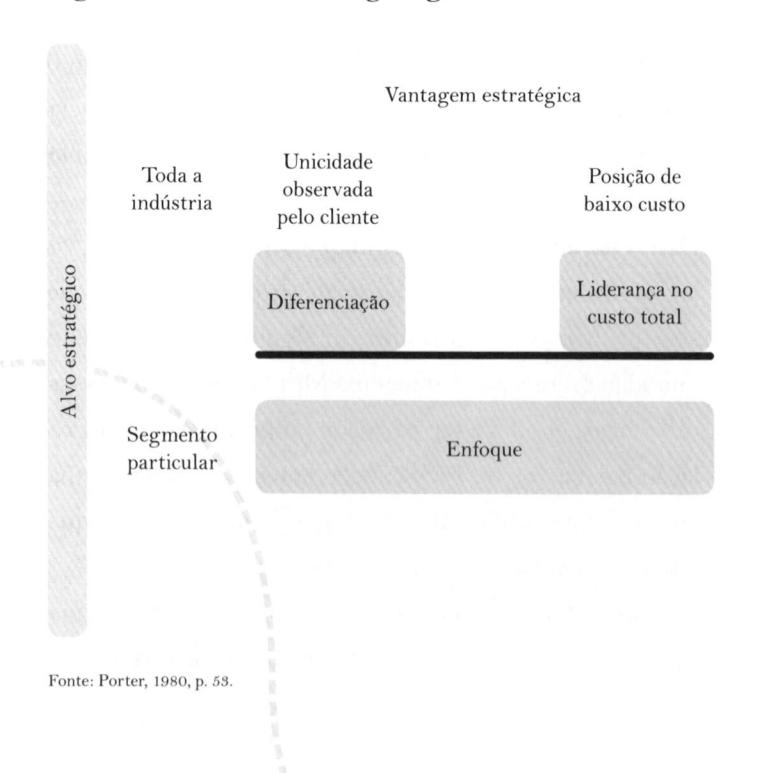

	Vantagem estratégica	
	Unicidade observada pelo cliente	Posição de baixo custo
Toda a indústria	Diferenciação	Liderança no custo total
Segmento particular	Enfoque	

(Alvo estratégico)

Fonte: Porter, 1980, p. 53.

Voltando ao exemplo da farmácia, podemos estabelecer que a estratégia genérica mais adequada ao contexto é a **estratégica competitiva de enfoque**, pois se busca um segmento de mercado específico. Por outro lado, a "farmácia popular", já estabelecida, usa a estratégia competitiva de **liderança de custo**.

Cadeia de valor

Porter (1989), em seu livro *Vantagem competitiva*, apresentou outro conceito que se tornou bastante popular na área da estratégia, a **cadeia de valor**. Essa ferramenta permite a análise das fontes de vantagem competitiva por meio da dissecação dos processos dentro de uma organização. Assim, os gestores conseguem diagnosticar, promover e intensificar as verdadeiras fontes de vantagem competitiva.

De acordo com Porter (1989, p. 31), a vantagem competitiva não pode ser compreendida ao observar-se a empresa como um todo. O gestor deve analisar cada atividade da empresa dentro de um bloco de outras atividades similares, com o intuito de mapear especialmente a contribuição de cada atividade para os custos relativos da referida empresa, além de identificar e criar uma base para a diferenciação.

A cadeia de valor desagrega uma empresa em suas atividades distintas para que as potenciais fontes de custo e de diferenciação sejam mais bem compreendidas. A cadeia é dividida em **nove categorias genéricas** de atividades de valor.

As atividades de valor determinam o custo e a diferenciação em relação à concorrência, e as diferenças entre as cadeias de valor mostram a vantagem competitiva de uma empresa em relação às demais (Porter, 1989, p. 34-36).

São dois os tipos de atividades mostradas na cadeia de valor: as **atividades primárias** e as de **suporte**, conforme mostra a Figura 2.4.

Figura 2.4 – Cadeia de valor

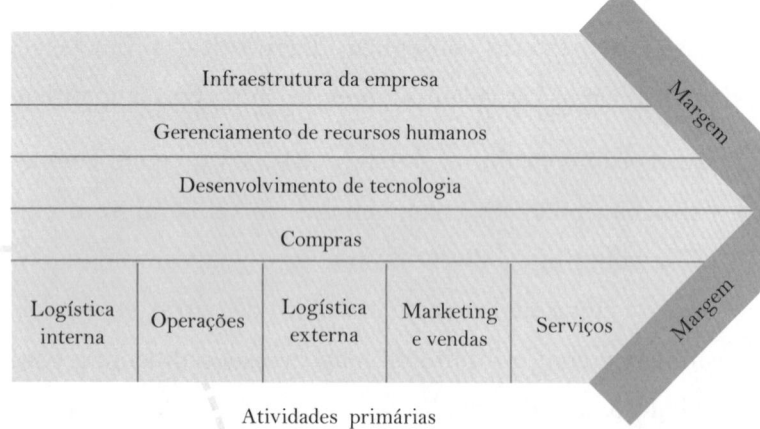

Atividades de suporte	Infraestrutura da empresa					Margem
	Gerenciamento de recursos humanos					
	Desenvolvimento de tecnologia					
	Compras					
	Logística interna	Operações	Logística externa	Marketing e vendas	Serviços	Margem
	Atividades primárias					

Fonte: Porter, 1989, p. 31.

A cadeia de valor, apesar de separar as atividades organizacionais em blocos, não é uma coleção de atividades independentes, mas, sim, um **sistema interdependente**.

Todas essas atividades de valor não são independentes, pois estão conectadas por **elos**, que, por sua vez, se formam por meio da estratégia genérica adotada pela empresa.

Salientamos que a forma como cada uma delas é desempenhada afeta o **custo** ou a **eficácia** das outras. Os elos entre as atividades exigem a **coordenação** destas, pois, segundo Porter (1999, p.85), "a gestão cuidadosa dos elos constitui-se, muitas vezes, em poderosa fonte de vantagem competitiva, em razão da dificuldade dos rivais em percebê-los e em exercer as opções excludentes ao longo das linhas organizacionais".

Por isso, a habilidade em coordenar os elos frequentemente **reduz o custo** ou **aumenta a diferenciação**. Os elos são também capazes de **criar conexões** e **gerar interdependências** entre as atividades da empresa e as cadeias de valor de fornecedores e canais de distribuição, gerando o que Porter (1999) chama de *sistema de valor*.

2.2 A visão baseada em recursos (VBR)

Como uma alternativa ao modelo de Porter, surgiu, nos anos 1990, a **visão baseada em recursos (VBR)**. Esta é uma abordagem voltada para o **ambiente interno** da organização, segundo a qual a principal fonte de vantagem competitiva está nos recursos e nas capacidades desenvolvidos e controlados pelas empresas, e a estrutura das indústrias nas quais elas se posicionam tem influência secundária (Wernerfelt, 1984; Peteraf, 1993).

Prahalad e Hamel (1990) argumentam que a empresa necessita identificar as competências em que é (ou precisa ser) excelente e, assim, buscar a diferenciação e a vantagem competitiva. Esses autores entendem que a competitividade das organizações pode surgir, no curto prazo, de **estratégias de preços** e **atributos de produtos**. No longo prazo, porém, essa competitividade apoia-se na capacidade de construir, de forma mais barata e ágil, as competências que permitirão o desenvolvimento dos produtos inesperados.

Portanto, as fontes de vantagem competitiva das organizações estariam, primeiramente, nos **recursos** (Peteraf, 1993) e nas **competências essenciais** (Prahalad; Hamel, 1990) desenvolvidos e controlados pela firma e, de modo secundário, na indústria na qual essa firma estivesse competindo pela exploração do mercado externo. Naturalmente, nem todos os recursos da empresa têm o potencial de sustentar vantagens competitivas – apenas aqueles que são considerados estratégicos o têm.

Nesse contexto, Barney (2002) propõe o **modelo de análise de recursos** chamado de *VRIO*, em que o recurso, para ser classificado como estratégico, necessita apresentar **quatro características**: ter valor; ser raro; ser de difícil imitação; e ser explorado pela empresa. Entenda melhor como esses fatores se relacionam por meio do Quadro 2.1.

Voltando ao exemplo da farmácia, consideremos que, se você possui um local com estacionamento, no centro da cidade, para instalar sua farmácia, o "ponto com estacionamento" pode, nesse caso, ser considerado um recurso VRIO. Isso significa que ele é valioso, raro, sem possibilidade de imitação e explorado pela empresa.

A preocupação com esses aspectos organizacionais reside no fato de a empresa estar ou não organizada para explorar o potencial competitivo de seus recursos ou capacidades. Barney (2002) afirma que vários componentes são importantes para a questão organizacional, incluindo a estrutura formal de informação, o gerenciamento de sistemas de controle e as políticas de compensação. Isolados, esses componentes complementares limitam a capacidade de gerar vantagem competitiva, mas, combinados com outros recursos e capacidades, são potencialmente geradores desse fator.

Quadro 2.1 – Análise VRIO

Características do recurso					
Valor	Raridade	Difícil imitação	Exploração pela organização	Implicações competitivas	*Performance* econômica
Não	-	-	Não	Desvantagem competitiva	Abaixo do normal
Sim	Não	-		Igualdade competitiva	Normal
Sim	Sim	Não		Vantagem competitiva temporária	Acima do normal
Sim	Sim	Sim	Sim	Vantagem competitiva sustentável	Acima do normal

Fonte: Adaptado de Barney, 1991.

O Quadro 2.1 apresenta o modelo VRIO, explicitando a afirmação de Barney (2002), segundo o qual, se um recurso ou capacidade é valioso, raro e difícil de imitar, então a capacidade organizacional de exploração desse recurso ou capacidade, como implicação competitiva e desempenho financeiro, gerará **vantagem competitiva sustentável** e **desempenho acima do normal**.

Recursos estratégicos

Barney (2002) afirma que a literatura busca diferentes nomenclaturas para os recursos, tais como: *lógica dominante* (Prahalad; Bettis, 1986), *competências essenciais* (Prahalad; Hamel, 1990) e *capacidades organizacionais* (Stalk; Evans; Shulman, 1992).

No entanto, assim como Peteraf (1993), Barney (2002) ressalta que as diferenças entre os termos são sutis e conclui que os **recursos** de uma empresa incluem os atributos fundamentais de **capital financeiro**, **físico**, **humano** e

organizacional. Segundo esse mesmo autor, as **capacidades** incluem somente os atributos internos que permitem à empresa coordenar e explorar seus recursos, e o conceito de **competências essenciais** fica reservado aos atributos dessa empresa que permitem conceber e implementar certas estratégias de diversificação corporativa. Isso resulta, conforme Prahalad e Hamel (1990), numa rápida adaptação às oportunidades de mudança.

De maneira semelhante, Stalk, Evans e Shulman (1992) afirmam que os termos *competência essencial* e *capacidade* são frequentemente utilizados como sinônimos, quando deveriam ser complementares, visto que a competência se refere à diferenciação tecnológica ou de produção, ao passo que as capacidades são recursos de base que abrangem toda a cadeia de valor.

Enfaticamente, Barney (2002) encerra a discussão afirmando que é pouco provável que o debate a respeito de um atributo particular de determinada empresa seja, na prática, uma capacidade, uma competência ou um recurso valioso para seus gestores. Nesse contexto, o autor propõe que os recursos sejam considerados os ativos, as capacidades, as competências, e os processos organizacionais, as informações e os conhecimentos controlados por uma empresa e que são capazes de conceber ou implementar estratégias, sendo classificados em **quatro categorias**:

> 1. **Financeiros**: Todas as fontes de recursos financeiros;
> 2. **Físicos**: Tecnologia, equipamentos, localização;
> 3. **Humanos**: Eficiência, treinamento, relacionamento e perspicácia individual dos gerentes;
> 4. **Organizacionais**: Estrutura administrativa, planejamento formal e informal, coordenação, cultura e reputação.

Nesta obra, adotamos, como referência, a classificação inicial de Wernerfelt (1984), segundo a qual recursos são divididos em **ativos tangíveis**, **intangíveis** e **financeiros**. O Quadro 2.2 é utilizado para formalizar os recursos dentro da classificação proposta, servindo como instrumento de análise para a organização pesquisada.

Quadro 2.2 – Tipos de recursos

Tipos de recursos	Descrição
Financeiros	Todos os recursos financeiros que possibilitam à organização conceber e implementar estratégias (Barney, 1996).
Tangíveis	**Físicos**: Incluem tecnologia física, equipamentos, localização geográfica, acesso à matéria-prima, entre outros (Barney, 1996).

(continua)

(Quadro 2.2 – conclusão)

Intangíveis	**De capital humano**: Incluem treinamentos, talentos, experiência, relacionamento, conhecimento, julgamento, *insights* etc. (Barney. 1996; Grant, 1991).
	Tecnológicos: Incluem propriedade tecnológica, patentes, *expertise* em sua aplicação, *know-how* etc. (Grant, 1991).
	Marcas e reputação: Referem-se à associação da empresa com produtos de qualidade; confiança, reconhecimento de produto (Grant, 1991).
	Organizacionais: Referem-se a atributos coletivos de indivíduos – estrutura formal, sistemas formais e informais de planejamento, controle e coordenação de sistemas, cultura e relações entre empresas ou grupos da firma (Barney, 1996).

Fonte: Elaborado com base em Barney, 1996; Grant, 1991.

Percebemos uma mudança de valor na sociedade atual: a **valorização dos recursos intangíveis**, pois sua característica intrínseca de não tangibilidade faz com que seja mais difícil imitá-los. Hall (1992) argumenta que a vantagem competitiva é obtida a partir dos ativos intangíveis. Segundo o autor, esses ativos são classificados em:

- reputação da empresa;
- reputação do produto;
- *know-how* dos empregados;
- cultura;
- rede organizacional;
- recursos físicos especializados;
- banco de dados;
- *know-how* do fornecedor;

- *know-how* do distribuidor;
- conhecimento do público;
- contratos;
- direito de propriedade;
- direitos comerciais.

Indicações culturais

Filme

A CORPORAÇÃO. Direção: Mark Achbar; Jennifer Abbott. Canadá: Zeitgeist Films, 2003. 145 min.

Esse documentário trata dos princípios – éticos ou não – das grandes corporações, além das questões sociais, políticas e ambientais que as envolvem. O filme também narra o surgimento dessas empresas, que ocorreu durante a primeira Revolução Industrial e paralelamente à mudança de paradigma na economia.

Livro

BRESSER-PEREIRA, L. C. **Globalização e competição**. Rio de Janeiro: Campus, 2009.

Essa obra aborda os países emergentes com potencial de crescimento, mas que se mantêm dentro da classificação "em desenvolvimento". Nesse contexto, o autor trata das recomendações políticas que os países ricos oferecem aos emergentes, entre outras questões.

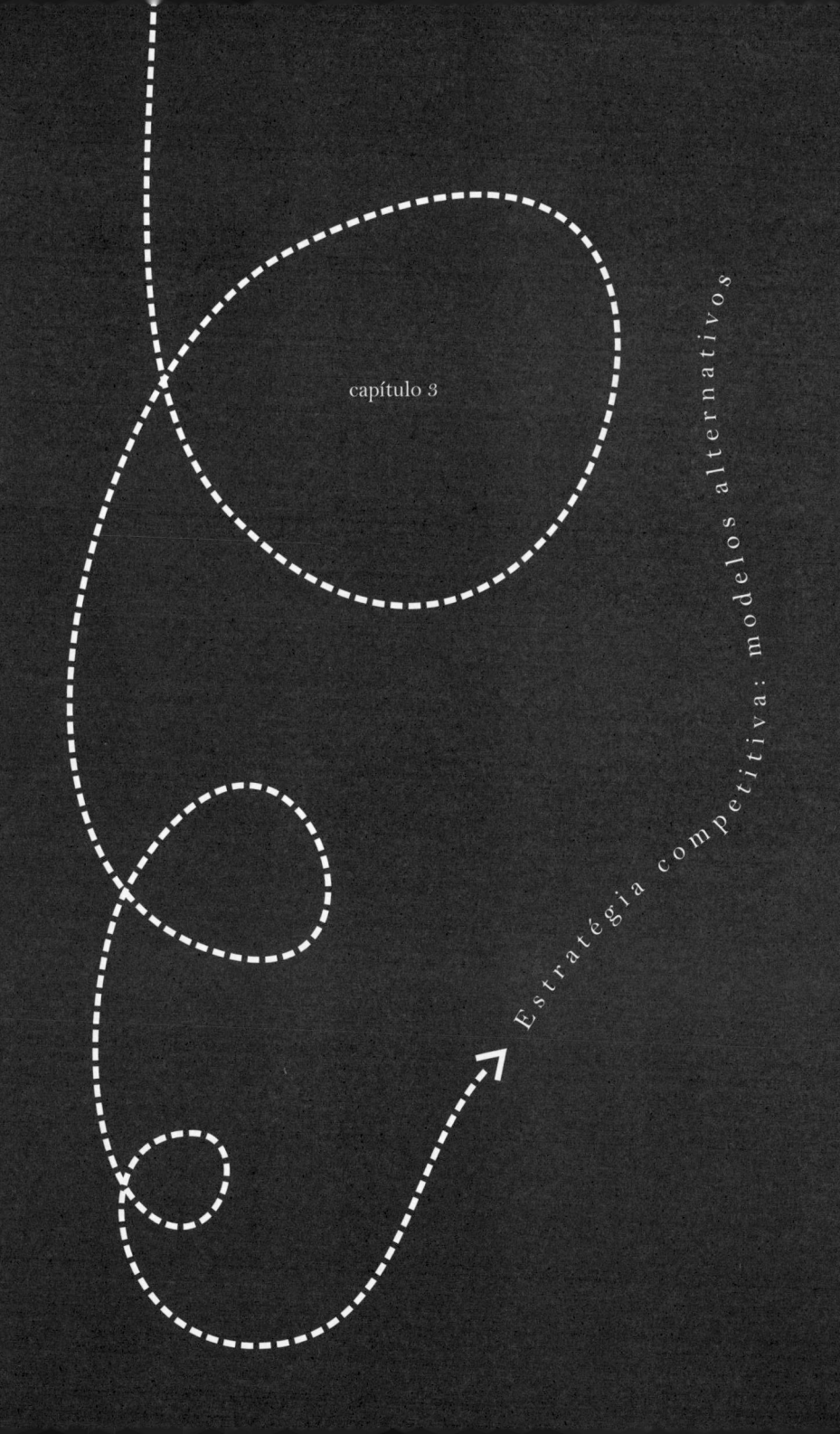

capítulo 3

Estratégia competitiva: modelos alternativos

Conforme a perspectiva assumida neste livro, a estratégia competitiva é o alinhamento entre os ambientes interno e externo da organização. O modelo de Porter trabalha com uma lógica mais externa de adaptação, e o modelo da VBR apresenta uma lógica mais interna. Outros modelos, que lidam com a lógica adaptativa de maneira diferente, mas que podem ser mais úteis em determinados contextos, serão abordados neste capítulo.

3.1
Estratégias genéricas de negócios de Mintzberg

De acordo com Henry Mintzberg (1998), o modelo de Porter (1980), com base em custo, diferenciação ou foco, não é suficiente para explicar as estratégias utilizadas pelas organizações atualmente. Os ambientes competitivos atuais configurados principalmente pela globalização, pelas inovações tecnológicas e pelas rápidas transformações sociais, políticas e econômicas precisam ser tratados por meio de uma lógica diferente. Dessa maneira, Mintzberg (1998) propôs uma tipologia genérica diferente, tanto no nível corporativo quanto no empresarial.

Primeiramente, o autor faz um corte para classificar as estratégias em **três grandes estágios**. Segundo ele, uma organização deve: localizar a essência do negócio central;

distinguir a essência do seu negócio central; e desenvolver a essência da distinção do seu negócio central. Vejamos, a seguir, em que consistem essas três opções.

A base do conceito da **localização da essência do negócio central** está em identificar a posição da operação da organização no fluxo econômico criado pela sequência de atividades referentes à transformação dos produtos. Por exemplo: um restaurante de luxo não vende comida aos seus clientes, mas, sim, bem-estar. Portanto, o seu negócio central não está no processo produtivo dos alimentos que serão servidos, mas, sim, na entrega destes. Para facilitar essa localização da essência do negócio, Mintzberg (1998) enumera **três conceitos** com base nos estágios *rio-acima*, *rio-médio* e *rio-abaixo*.

1. **Estratégia de negócio rio-acima**: São as atividades básicas da indústria primária. Assim, o foco está na extração da matéria-prima, que é componente básico para ser transformada em diversos produtos, com diferentes utilidades. Um exemplo de empresa que tem seu negócio rio-acima é a **Vale do Rio Doce**, a qual extrai minérios que, posteriormente, serão transformados por outras empresas. Uma organização que opera nesse estágio necessita de alta tecnologia, pessoas e capital que possam proporcionar-lhe vantagens de baixo custo, além de uma produção em escala.

2. **Estratégia de negócio rio-médio**: A indústria primária está localizada no estágio anterior (rio-acima), e a estratégia rio-médio envolve a indústria secundária, que transforma a matéria-prima oriunda das empresas localizadas rio-acima para produzir produtos industrializados para uma série de consumidores. Há exemplos variados de empresas rio-médio: eles envolvem os setores automotivo, têxtil, de eletrônicos, da construção civil etc. A principal vantagem desse segmento é a capacidade de diferenciação, que, vale mencionar, depende da inovação e da constante adequação às necessidades do mercado.

3. **Estratégia de negócio rio-abaixo**: Os produtos advindos das organizações que estão localizadas no rio-médio precisam ser direcionados para um "estreito funil". Nesse funil, está uma série de oportunidades do chamado *setor terciário*, que é o setor relacionado aos serviços. São exemplos desse setor: o comércio, a educação, a saúde, as telecomunicações, os serviços de informática, de limpeza, de alimentação, os seguros, os transportes, o turismo, os serviços bancários e administrativos etc. Hoje, segundo Vasconcelos (2012), cerca de 65% do PIB brasileiro é gerado pelo setor de serviços. Organizações desse segmento dependem de alta tecnologia, de pessoas e da compreensão de como devem lidar com o intangível.

Conforme Mintzberg (1998), depois que uma organização localiza seu negócio central, ela deve propor uma distinção desse negócio em relação aos demais. A **distinção** da **essência do negócio central** serve justamente para determinar as características da organização e sua capacidade de adquirir vantagens competitivas e sobreviver. Mintzberg (1998) propôs uma tipologia, diferentemente de Porter (1980), com base em **diferenciação**, considerando que, para ele, uma organização pode se diferenciar por meio do **preço**, da **imagem**, do **suporte**, da **qualidade** ou do **projeto**.

- **Estratégias de diferenciação de preço**: Constituem a forma mais básica para diferenciar um produto, ou seja, cobrando um preço **mais baixo**. Se os atributos do produto forem iguais ou não muito diferentes dos de seus concorrentes, os consumidores, obviamente, tenderão a preferir aquele com preço mais baixo. A empresa pode compensar a lucratividade com o aumento do volume de vendas decorrente do preço mais baixo.

- **Estratégias de diferenciação na imagem**: Consistem na "criação [...] de uma imagem para o produto, algo diferente que de outra forma não existiria" (Souza, 2012). Essa imagem pode ser criada por meio de propaganda, assim como mediante técnicas de promoção (apresentação e embalagem do produto ou inclusão de detalhes que, embora não melhorem o desempenho do produto, o tornam mais atrativo para alguns clientes). Curiosamente, **preços mais altos** também podem ser utilizados como elemento realçador da imagem. O próprio Mintzberg (1998) cita o exemplo da vodca Smirnoff®, que conseguiu aumentar sua parcela de mercado por meio de um aumento de preço.

- **Estratégias de diferenciação de suporte**: Uma forma de diferenciar o produto, sem necessariamente alterar suas características básicas, é oferecer algo a mais com o produto. Normalmente, esse "algo a mais" está relacionado à ampliação do nível de serviços agregados (prazo de entrega menor, financiamento à venda, assistência técnica etc.) ou à oferta de produtos complementares.

- **Estratégias de diferenciação na qualidade**: Trata-se da "fabricação de um produto melhor, não diferente, mas melhor" (Souza, 2012). Basicamente, o produto pode ser considerado melhor em três dimensões: **1) maior confiabilidade** (menor probabilidade de falhas), **2) maior durabilidade** ou **3) desempenho superior**.

- **Estratégias de diferenciação de projeto** (*design*): Consistem na "busca da oferta de algo verdadeiramente diferente" (Souza, 2012). A diferença básica entre esse tipo de estratégia e a de diferenciação por qualidade é que, nesta, busca-se oferecer algo efetivamente **diferente**, e não simplesmente melhor. Trata-se de um conceito muito similar ao de inovação.

- **Estratégias de não diferenciação**: Referem-se à não existência de base de diferenciação como estratégia, recorrendo-se à **cópia**. São um tipo de estratégia muito comum hoje; se uma empresa não tem uma estratégia bem definida, copia as ações de outras.

A partir do momento em que a organização tem uma estratégia definida de diferenciação, ela passa a outro estágio. Mintzberg (1998) estabelece a necessidade de

desenvolver a essência do negócio central, que pode ocorrer de diversas maneiras, muito semelhantes ao modelo proposto por Ansoff (1977), em sua clássica **matriz produto-mercado**, que será detalhada no tópico seguinte. Conforme Mintzberg e Waters (1982), o negócio central pode ser desenvolvido por meio das estratégias descritas a seguir.

- **Estratégia de penetração**: Consiste na ampliação da base de clientes, aumentando sua participação de mercado, a partir do negócio central da organização. Assim, a empresa tem como objetivo produzir mais e tentar aumentar suas vendas para os mesmos tipos de consumidores para quem está acostumada a vender.

- **Estratégia de desenvolvimento de mercado**: Nesse caso, a estratégia é trabalhar o mercado (priorização do atendimento às necessidades do mercado e da obtenção de uma comunicação adequada). Assim, o foco não é nos produtos, mas, sim, na assimilação do mercado pelo produto. Um exemplo típico é a **substituição de produtos**, como quando a Apple® lançou o iPad™ e focou o desenvolvimento do mercado no sentido de este aceitar essa nova tecnologia. É importante ressaltar que, como âncora, a Apple® utilizou sua *expertise* nos outros produtos com os quais já trabalhava. Outra possibilidade dessa estratégia é explorar novos mercados, como no caso de usar um produto-base que seja menos sofisticado e mais barato para a classe C ou D.

- **Estratégia de expansão geográfica**: Esse tipo de estratégia é uma subespécie da estratégia de desenvolvimento de mercado. A ideia é oferecer um produto existente para uma nova área de cobertura geográfica.
- **Estratégia de desenvolvimento de produto**: Aqui, o foco está em desenvolver um novo produto ou um produto modificado. Assim, há uma proliferação da base produtiva que leva à segmentação de tipos de clientes diferentes, que, por sua vez, terão como opção produtos diferentes.

Mintzberg (1992, p. 82), no entanto, recomenda que devemos atentar para o fato de que uma estrutura de estratégias genéricas nos ajuda a entender o posicionamento de uma organização, mas usá-la como uma lista imutável pode levar a desvantagens em relação aos competidores que desenvolveram suas estratégias de maneira mais criativa e menos ortodoxamente.

A tendência dos que trabalham com estratégia é fazer uma lista de ações e proibições com base na estratégia genérica adotada. Essa determinação é interessante, principalmente porque proporciona um padrão e uma consistência à organização. Por outro lado, faz com que esta fique presa a princípios que nem sempre se mantêm atuais. Consequentemente, a empresa deixa de ser criativa e de explorar novas oportunidades.

3.2

Tipologia genérica de Ansoff

Igor Ansoff (1977) analisa a posição da empresa por meio da relação de duas variáveis: o **conjunto de produtos** da organização e o **mercado** em si. O autor apresenta a relação entre essas duas variáveis mediante a matriz produto-mercado, que pode ser visualizada no Quadro 3.1.

Quadro 3.1 – Matriz produto-mercado

		Produtos	
		Existentes	Novos
Mercados	Existentes	Penetração de mercado	Desenvolvimento de produtos
	Novos	Desenvolvimento de mercado	Diversificação

Fonte: Adaptado de Ansoff, 1977.

Segundo Ansoff (1977), as quatro possibilidades genéricas podem ser descritas da seguinte maneira:

1. **Estratégia de penetração de mercado**: Há direcionamento para o crescimento por intermédio do aumento da participação relativa da empresa em suas linhas correntes de produtos e mercados. Em outras palavras, a organização tenta vender mais produtos em mercados nos quais já atua. No caso das farmácias, mencionado anteriormente, a estratégia de penetração seria obtida se o dono da farmácia, por meio de alguma promoção especial, aumentasse suas vendas para o mercado no qual atua.

2. **Estratégia de desenvolvimento de mercados**: Refere-se ao fato de determinada empresa buscar um novo direcionamento para seus produtos. Por exemplo: uma empresa que atua eminentemente na Região Sul do país decide vender seus produtos no Norte ou no Nordeste.

3. **Estratégia de desenvolvimento de novos produtos**: A característica principal dessa estratégia é a criação de novos produtos, fundamentados na missão atual da empresa, para substituição dos produtos já existentes. Um exemplo, portanto, seria uma empresa que possui uma boa base de clientes produzir novos produtos e oferecê-los para seus clientes, aproveitando o relacionamento e/ou a credibilidade que possui.

4. **Estratégia de diversificação**: Refere-se a novos produtos e missões para a empresa. Em outras palavras, trata-se de um risco totalmente novo, que faz com que a empresa use seu conhecimento em um contexto diferente.

A **vantagem competitiva**, para Ansoff (1977), ocorre a partir do produto comercializado e, também, das ações corporativas que envolvem o mercado e até mesmo a questão da diversificação. Outro elemento apresentado por Ansoff (1977) é a **sinergia**, definida como **uma medida da capacidade da empresa para tirar proveito de uma entrada em um novo mercado e com novos produtos**.

3.3 Tipologia de Miles e Snow[*]

Segundo Raymond Miles e Charles Snow (1994), o sucesso de uma organização depende de um processo de **adaptação externa** (com o ambiente) e **interna** (estratégia, estrutura, processos e ideologia). Esse processo começa com o alinhamento da organização ao mercado, na tentativa de ajudar a formar as necessidades presentes e futuras dos clientes. Vale salientar que esse alinhamento define a **estratégia da empresa**. Em outras palavras, esse modelo de análise busca avaliar a adaptação organizacional às mudanças do ambiente por meio do estudo da relação entre estratégia, estrutura e processos (Miles; Snow, 1978).

---

[*] Alguns trechos desta seção foram extraídos e adaptados de Martins et al., 2008.

A referida adaptação da estratégia ao ambiente competitivo foi chamada pelos autores de *ciclo adaptativo*, e suas etapas consistem nas soluções dadas aos seguintes problemas:

- **Problemas empresariais** (*entrepreneurial problem*): Domínio produto-mercado, postura de sucesso, monitoração do ambiente e política de crescimento.

- **Problemas tecnológicos ou de produção** (*engineering problem*): Objetivos tecnológicos, amplitude tecnológica, orientação tecnológica.

- **Problemas administrativos ou estruturais** (*administrative problem*): Função administrativa dominante, atitude de planejamento, estrutura organizacional e controle.

A tipologia de Miles e Snow (1978) classifica as empresas – ou unidades de negócios – em **quatro categorias** estratégicas adaptativas distintas: **prospectores** (*prospectors*); **defensores** (*defenders*); **analisadores** (*analyzers*) e **contra-atacantes** (*reactors*).

1. **Estratégia prospectiva** (*prospectors*): É o grupo formado por empresas que mantêm uma posição competitiva agressiva, procurando continuamente novas oportunidades no mercado e ampliando sua linha de produtos e

serviços. Tendem a ser as pioneiras; assim, seu foco está na **inovação**, e não na eficiência.

Essas empresas solucionam o problema empresarial ampliando continuamente o domínio produto-mercado por meio da **diferenciação** ou do **baixo custo**. A tecnologia é diversificada, flexível e pouco padronizada. A solução para o problema administrativo se dá com um controle não centralizado, departamentos fortes de pesquisa e desenvolvimento (P&D) e de *marketing*, amplo planejamento, maiores custos e menor eficiência em virtude da ausência da curva de experiência.

O desempenho é avaliado em função do *market share* e do volume de vendas, entre outros critérios. O risco dessa estratégia é **alto**, pois a não aceitação de um novo produto pode significar prejuízos significativos. Uma empresa que representa esse grupo é a **Apple®**, que sempre procura estar à frente de seus concorrentes quando o assunto é inovação.

2. **Estratégia defensiva** (*defenders*): É característica de empresas que procuram localizar e manter uma linha de produtos ou serviços com foco muito estreito, protegendo seu domínio com preços competitivos ou qualidade de produto/serviço. Em geral, atuam em indústrias estáveis. Não se preocupam em buscar novas oportunidades, mas, sim, em ter eficiência e tecnologias direcionadas para seu foco restrito. Normalmente, adotam uma

linha de produtos limitada, segmentada e mais lucrativa (Zahra; Pearce II, 1990). Alcançam a solução do problema de engenharia com a utilização de uma tecnologia principal, gerando baixos custos na produção. Para tanto, investimentos significativos em P&D são fundamentais.

A administração tende a ser rigorosa, controlada e centralizada, voltada para custos e resultados, sempre comparando indicadores financeiros e produtivos do ano atual com os anos anteriores. Ainda que essa estratégia possa ser aplicada a diversas indústrias, os autores concluem que é nas indústrias estáveis que esse tipo de organização se dá com maior probabilidade. A referida estratégia sofre o risco de ser incapaz de se adaptar a mudanças mais drásticas no ambiente competitivo, pois o foco impede que haja a **diversificação**, fundamental para o acompanhamento de mudanças.

Em suma, empresas que adotam a estratégia defensiva são muito conservadoras e procuram manter a posição que ocupam. Um exemplo no mercado de computadores é a **Hewlett-Packard (HP)**. Com sua produção em escala, a empresa tem a intenção de defender a sua posição como primeira. Na HP, a inovação ocorre simplesmente para mantê-la minimamente atualizada perante os concorrentes. O interessante é que, no final de 2012, a HP perdeu a posição de 1º lugar no *ranking* de fabricantes de computadores para a fabricante chinesa Lenovo, que adota a estratégia analítica, como veremos a seguir.

3. **Estratégia analítica** (*analysers*): Trata-se de uma posição intermediária entre as estratégias defensivas e prospectivas. Empresas com essa estratégia operam com base em produtos/serviços já estabelecidos, procurando agregar novos produtos e serviços que foram bem sucedidos em outras empresas da indústria. Além disso, essas empresas também são chamadas de *imitadores criativos* (Slater; Narver, 1993), por absorverem e melhorarem inovações dos concorrentes.

   É importante mencionar que a estratégia em questão permite que a empresa garanta a viabilidade dos produtos antes de lançá-los, evitando altos investimentos em P&D. Para isso, as empresas precisam manter um monitoramento constante dos sucessos e fracassos das empresas prospectoras concorrentes.

   A tecnologia adotada é estável e padronizada, ainda que apresente algum grau de flexibilidade. Essa combinação gera certa ambiguidade, que acaba resultando em falta de eficiência por parte dos analisadores, os quais tendem a adotar a diferenciação como vantagem competitiva.

   Os analisadores geralmente organizam sua estrutura de forma matricial e têm nos departamentos de engenharia de produto e *marketing* os principais focos de atenção e investimento. O maior risco dessas empresas é o de não alcançarem a eficiência e a eficácia necessárias, sendo esses indicadores utilizados para medir os desempenhos. O exemplo, conforme já mencionamos, é a **Lenovo**, que acumula bons resultados por meio de uma estratégia batizada como "proteger e atacar".

4. **Estratégia reativa** (*reactors*): É uma espécie de não estratégia. Empresas que pertencem a essa categoria não apresentam plano coerente para competir na indústria nem mecanismos e processos para se adaptarem ao mercado. A abordagem típica desse grupo é "esperar para ver" e responder somente quando houver pressões competitivas para evitar a perda de clientes importantes e/ou manter a lucratividade.

Essa categoria de empresas geralmente está em desvantagem, pois sofre os ataques dos prospectores e não consegue atingir o mercado protegido pelos defensores e pelos analisadores. Geralmente, contra-atacantes chegam a essa situação por não conseguirem definir uma estratégia específica em função de um líder centralizador, ou pela contradição entre a estratégia escolhida e a estrutura organizacional adotada, ou até mesmo pela não adaptação da estratégia ao novo ambiente competitivo.

Uma vez escolhida a postura que adotará em face do ambiente competitivo, a empresa deve adequar o seu processo produtivo, a rede de distribuição e logística, a política de preço, os esforços de promoção e *marketing* e os demais processos envolvidos, de forma a apoiar a postura selecionada. Um exemplo de empresa que envolve a estratégia reativa é a **Comércio de Componentes**

Eletrônicos **(CCE)**, a qual, em um mercado em que havia *players* consistentes, atuava como coadjuvante, até ser vendida para a Lenovo por R$ 300 milhões, valor relativamente baixo para transações como essa.

Indicações culturais

Filme

ERIN Brockovich: uma mulher de talento. Direção: Steven Soderbergh. EUA: Columbia TriStar, 2000. 130 min.

Julia Roberts é Erin Brockovich, que descobre o crime ambiental de uma corporação gigante e luta, com o escritório de advocacia em que trabalha, contra um adversário que ninguém havia tentando enfrentar antes.

Livro

SLOAN JUNIOR, A. P. **Meus anos com a General Motors**. São Paulo: Negócio, 2001.

Trata-se da autobiografia de Alfred Sloan, o fundador da General Motors. A obra retrata o momento histórico em que o automóvel passou a ser incorporado ao cotidiano da população e explica como foram determinadas as estratégias que modelam os negócios da organização até hoje.

capítulo 4

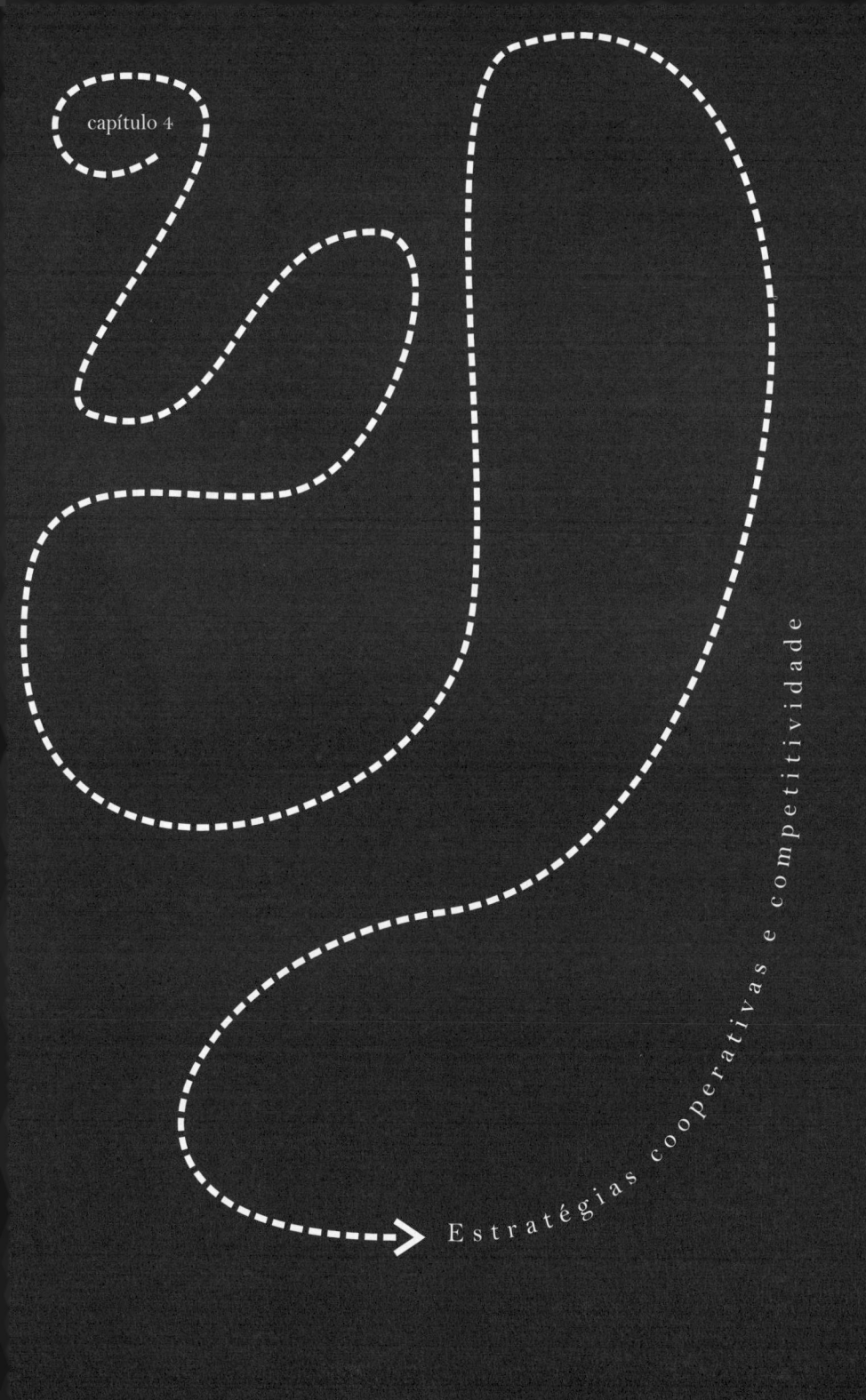

Estratégias cooperativas e competitividade

Nas últimas décadas, o cenário socioeconômico global tem apresentado mudanças estruturais que afetam o mercado e as indústrias de maneira significativa. Há alguns anos, as organizações buscavam certa autossuficiência estratégica, por meio do desenvolvimento de todas as competências necessárias para os seus negócios, valorizando ainda uma postura bastante **competitiva**.

Na atual conjuntura, observamos um mundo globalizado extremamente **interdependente**, com **alta competitividade dinâmica**, o que dificulta escolhas empresarias isoladas e competitivas. Assim, surge uma nova tendência: as **estratégias cooperativas**. Por exemplo: digamos que um grupo de 100 pré-escolas, dentro do sindicato patronal, se reúna para negociar a compra de carteiras e material escolar. À medida que negociam em bloco, lidam extremamente bem com os fornecedores, e a vantagem que tiram da negociação pode ser aplicada individualmente em cada escola ou coletivamente, para melhorar ainda mais a atuação coletiva.

O termo *cooperar* significa "agir junto", com um propósito comum (Myerson, 1991, p. 370). Assim, uma relação interorganizacional de cooperação prevê a atuação conjunta de organizações, unindo suas competências e aumentando a eficiência, em prol de um objetivo maior. A partir dessa postura cooperativa, o ator passa a se preocupar não apenas com a sua utilidade individual, mas também com a **utilidade coletiva**.

Estratégias cooperativas podem oferecer algumas vantagens significativas para as organizações, pois possibilitam a complementaridade de competências ou recursos, acesso mais fácil a novos mercados e oportunidade para a sinergia e a aprendizagem mútua.

Gulati e Gargiulo (1999) citam as alianças como forma explícita de cooperação interorganizacional voluntária, que envolve trocas significativas, compartilhamento ou codesenvolvimento. Essas alianças podem servir para se alcançarem objetivos como: ganhos em escala, redução de custos, habilidades para acesso a novos produtos ou mercados e compartilhamento do risco.

Para Gomes-Casseres (2003), existem três características comuns às alianças: 1) são **acordos** entre duas ou mais firmas separadas que envolvem contribuições de recursos de cada um para a **criação de um valor comum**, incluindo tecnologia, equipes de funcionários, clientes, capital e equipamento; 2) assumem o sentido de **"contrato incompleto"**, envolvendo a noção de complementaridade e sugerindo novas ações em conjunto; e 3) englobam a **tomada de decisão comum** para o controle do negócio e o **compartilhamento dos benefícios**.

Lorange e Ross (1996) expõem que as alianças implicam a adoção de uma estratégia capaz de gerar forças competitivas em **quatro áreas**, de forma que as organizações devem:

1. combinar esforços para lidar com fornecedores, criando maior poder de barganha na compra e/ou desenvolvimento de contratos favoráveis a longo prazo;
2. combinar esforços para lidar com os consumidores, oferecendo um conjunto mais amplo de produtos e mantendo uma força de vendas mais forte para que estejam mais aptas a satisfazer as necessidades dos consumidores;
3. combinar esforços para desenvolver e explorar novas tecnologias, possibilitando um "salto" de qualidade em relação aos concorrentes;
4. combinar esforços para evitar a chegada novos entrantes, isto é, criar barreiras mais eficazes à admissão e/ou combinar esforços para diminuir o número de participantes independentes no negócio.

Para Barney (1997), as organizações têm um incentivo para cooperar em alianças estratégicas quando o valor de seus recursos e bens em uma aliança é maior que o dos recursos separadamente.

De forma bem específica, Lorange e Ross (1996) trabalham com alianças estratégicas de **quatro tipos**:

1. **Acordo provisório**: Ocorre quando as empresas-mães simplesmente colocam um conjunto mínimo de recursos (rapidamente recuperados por elas), com frequência em base temporária, à disposição de um parceiro.

2. **Consórcio**: Acontece se as partes estiverem dispostas a colocar mais recursos do que o anteriormente combinado e se os valores gerados dentro da aliança forem distribuídos entre sócios.

3. *Joint-venture* **com base em projeto**: Nesse caso, as empresas-mães acrescentam o mínimo de recursos estratégicos, entrando em acordo para criá-los em conjunto mediante uma organização comum.

4. *Joint-venture* **plena**: Ambas as partes acrescentam recursos em abundância, permitindo que os recursos gerados sejam mantidos na aliança. Esse tipo de aliança estratégica pode ser caracterizado pela criação de uma entidade organizacional mais ou menos autônoma, com vida estratégica própria.

A literatura ainda não apresenta uma tipologia consistente de estratégias de cooperação. Nesse sentido, Almeida, Silva e Almeida Junior (1998), por meio de uma revisão de literatura especializada, apontam um quadro de estratégias relevantes na indústria e suas definições.

Quadro 4.1 – Estratégias de cooperação

Estratégia	Definição
Licenciamento de tecnologia/produto ou marketing	Acordo relativo aos direitos de uso de tecnologia, produtos ou marketing (Roberts; Mizouchi, 1989)
Licenciamento qualificado	Licença de uso de determinado produto ou tecnologia em determinado mercado (Dunford, 1987)
Cross-contracting	Acordo de troca de tecnologia com outras empresas (Roberts; Mizouchi, 1989)
Joint-ventures de tecnologia/produto ou marketing	Criação de nova entidade por duas ou mais empresas, de modo a alcançar um objetivo especial, tal como o desenvolvimento de novas tecnologias ou de campanhas de marketing para novos produtos (Roberts; Mizouchi, 1989)
Pools de patente	Partilha de patentes em tecnologia e/ou produtos (Dunford, 1987)
Contratos de pesquisa	Obtenção do direito de licença de novos inventos advindos de contratos exclusivos ou não de pesquisa em troca de fundos para pesquisa (Roberts; Mizouchi, 1989)
Investimentos minoritários em tecnologia/marketing	Aquisição de ações em novos empreendimentos de modo a obter acesso a uma nova tecnologia ou a novas técnicas de marketing (Roberts; Mizouchi, 1989)
Fontes conjuntas	Aquisição coletiva do suprimento necessário (Roberts; Mizouchi, 1989)
Consórcio	Contrato entre empresas, sem a criação de uma nova entidade, para atingir objetivos específicos – tecnológicos ou mercadológicos – com a redução dos riscos e a ampliação dos potenciais individuais (Lei e Slocum; Júnior, 1991)

Fonte: Almeida; Silva; Almeida Junior, 1998, p. 6.

Para Castells (1999), duas variáveis influenciam diretamente o conteúdo estratégico: a **informação** e o **conhecimento**. Essas variáveis são, portanto, determinantes para a organização evoluir em sua posição competitiva.

Para Porter (1990), a cooperação e o relacionamento entre empresas possibilitam a obtenção de vantagem competitiva, pois as atividades nas cadeias de valor podem ser compartilhadas, o que reduz custos, aumenta a diferenciação e transfere *know-how* gerencial para cadeias de valor distintas.

Na concepção de Thompson e Formby (1998), alianças estratégicas são acordos entre empresas cujo objetivo é o compartilhamento de conhecimentos para a obtenção de vantagem competitiva sustentável. Com a formação de alianças estratégicas, as empresas conseguem competir em escala global, preservando suas individualidades.

A verdadeira aliança é uma estrutura organizacional que permite o controle sobre as decisões futuras que envolvem a cooperação e a ocorrência de negociações contínuas, reafirmando que o acordo inicial é incompleto. Isso porque o sucesso das alianças depende muito das estruturas de governança e dos relacionamentos entre seus participantes, incluindo a relação pessoal entre os gerentes (Gomes-Casseres, 2003).

Para Kanter (1998), os motivos de fracasso das parcerias são:

- mudanças estratégicas;
- diferentes níveis de comprometimento;
- desequilíbrio de poder em termos de recursos e de informações;
- desequilíbrio de benefícios;
- confiança prematura e sem salvaguardas institucionais;
- lealdades conflitantes;
- subgerenciamento;
- falta de comprometimento na alocação de recursos;
- conflitos sobre o escopo;
- integração insuficiente e ausência de uma estrutura comum;
- apego à política interna corporativa dos parceiros individuais.

4.1

Competitividade

Assim como acontece com o conceito de *estratégia*, não há um consenso sobre o conceito de *competitividade*, tanto na economia quanto na administração. Alguns autores definem *competitividade* como eficiência, outros, como desempenho.

A literatura mais recente sobre economia trata a competitividade como um fenômeno diretamente relacionado às características de desempenho ou de eficiência **técnica** e **alocativa** das nações.

Existem diferentes percepções embasadas em correntes teóricas variadas, sob a perspectiva tanto da dinâmica industrial e das ideologias que influenciam diretamente a avaliação da indústria quanto da formulação de políticas públicas.

De acordo com Kupfer (1991), o principal problema levantado em algumas correntes teóricas é a redução da noção de competitividade a algo que se esgota no produto ou na empresa que o produz. Assim, segundo Porter (1986), o conceito de competitividade deve estar centrado na indústria, ou seja, no setor.

No entanto, globalização, problemas ambientais, excesso de informação e inovação constante são variáveis que fazem com que os gestores sintam a necessidade de um conceito geral para definir *competitividade*, isto é, para responder à seguinte pergunta: Como manter uma empresa competitiva?

Na lógica de Porter (1986), a resposta a esse questionamento não é possível sem que haja uma aplicação do modelo das cinco forças competitivas em um setor específico. Contudo, podemos verificar que há aspectos em comum em todos os setores, que podem resultar em mais ou menos competitividade para as empresas. Para isso, vamos usar o exemplo da **Apple**®.

> Steve Jobs ressuscitou o que podemos classificar como **industrialismo inovador**. Recentemente, as organizações passaram a acreditar que "ser competitivo" significava ter eficiência, principalmente em termos de **custo**. Dessa forma, automatizaram seus processos, cortaram custos ao máximo, reduziram seu quadro de pessoal e prezaram por toda e qualquer alternativa mais barata em detrimento de qualquer alternativa mais criativa ou ousada. Em outras palavras, passaram a ser "copiadores" de rotinas e produtos medíocres. Jobs, por outro lado, levou a Apple® a fabricar produtos bonitos, atraentes e diferentes, como um tablete fino e pequeno que armazena milhares de livros eletrônicos, músicas e vídeos, além de mandar e receber mensagens com um simples deslizar de dedos.

A lógica competitiva de Jobs não estava centrada em pesquisas que identificassem desejos e necessidades dos consumidores, pois o empresário achava que estes não eram capazes de saber do que precisavam. Afinal, quem saberia que necessitava de um iPad™ ou de um iPhone®?

Não se trata de ignorar a necessidade do promover controle de custos, ter eficiência técnica e fazer pesquisa de mercado: essas atitudes colaboraram para uma reflexão contra o intelectualismo exagerado dos modelos estratégicos segundo os quais é possível transformar uma empresa em um conjunto de algoritmos infalíveis. Isso provou que realmente não há um modelo ou entendimento competitivo geral para todos os setores da economia. Todavia, podemos destacar que a preocupação com inovação, estética, meio ambiente e responsabilidade social pode ser um bom começo para tornar uma empresa mais competitiva.

Indicações culturais

Filme

A REDE social. Direção: David Fincher. EUA: Sony Pictures, 2010. 190 min.

O filme conta a história de Mark Zuckerberg – fundador da rede social Facebook® – a partir de sua experiência como estudante, em Harvard.

Livro

CASTELLS, M. **A era da informação**: sociedade em rede. 4. ed. São Paulo: Paz e Terra, 2007. v. 1.

É um dos primeiros livros que propõem a análise do fenômeno *rede*. Com base em pesquisas realizadas nos Estados Unidos, na Ásia, na América Latina e na Europa, a obra procura esclarecer a dinâmica econômica e social da chamada *Era da Informação*, além de explicar os efeitos fundamentais da tecnologia da informação no mundo contemporâneo.

Para concluir...

Este livro abordou alguns dos principais conteúdos relacionados aos conceitos de **estratégia** e **competitividade**. Para isso, os principais modelos de estratégia competitiva foram apresentados não com um intuito comparativo, ou seja, de forçar a escolha de um em detrimento do outro, mas de fazer com que o leitor tenha uma visão mais contingencial, ou, em outras palavras, partindo do princípio de que, para cada situação, há uma solução original. Assim, o leitor pode usar os modelos examinados como base para uma solução possível no processo decisório organizacional.

Hoje se fala muito que o ambiente é competitivo, mas não sabemos definir o que significa ser competitivo. A única coisa que podemos afirmar com certeza é que o ambiente é mais **volátil** e **instável** para grande parte dos setores da economia. Nesse sentido, o gestor deve monitorar constantemente esse ambiente e reconfigurar sua base de recursos para que a organização receba sempre os ajustes adequados.

O século XXI consolidou a Era da Informação, uma verdadeira revolução não apenas na pesquisa, no desenvolvimento e na industrialização de instrumentos de informação e comunicação, mas também na disponibilização de diversos documentos, relatórios e registros aos indivíduos e às organizações. O desenvolvimento dessas novas tecnologias transformou a sociedade ao possibilitar, em larga escala, o acesso a uma gama de informações antes disponíveis apenas a organizações, setores ou indivíduos especializados.

A inteligência empresarial, proposta por Thomas Davenport e Jeanne Harris (2007), situa-se em uma interseção de inúmeras preocupações cruciais das organizações modernas, tais como segurança econômica, gestão do conhecimento, da inovação e da tecnologia, políticas mercadológicas e industriais. Assim, abrange **ações estratégicas** em gestão da informação, aplicando-se aos mais diversos setores organizacionais e visando apresentar um quadro de referência para a reflexão, a segmentação e a implantação de programas de governança, para o aprimoramento dos processos organizacionais e para o desenvolvimento de sistemas e tecnologias informacionais (Davenport; Harris, 2007).

Não obstante, o dinamismo e a instabilidade econômica global demonstraram que os argumentos de que modelos informacionais de mensuração e avaliação, ainda que sistematizados e confiáveis, podem diminuir ou diluir os riscos empresariais econômicos e não econômicos não podem ser generalizados.

Nesse sentido, é interessante o posicionamento de Nassim Taleb (2007) ao analisar o impacto de eventos altamente improváveis na condução dos empreendimentos empresarias ou pessoais, aos quais denomina **cisnes negros**, definidos como eventos cujos atributos são a raridade, o impacto extremo e a previsibilidade retrospectiva. Nesse contexto, devemos atentar para o fato de que, por simetria, a não ocorrência de um evento altamente esperado é equivalente à ocorrência de um evento altamente improvável (Taleb, 2007).

A tentativa otimista de monitorar o ambiente externo é largamente suportada pela alta expectativa depositada nas inter-relações entre as propriedades construtivistas do ambiente informacional, ou "infosfera" (Floridi, 1999). Assim, de acordo com Davenport e Harris (2007), as relações, interações e desdobramentos gerados pela infosfera seriam analisados por meio de conceitos, métodos e processos da arquitetura analítica empresarial – como os propostos no presente livro.

Diante disso, a discussão da adequação da inteligência empresarial na analiticidade dos riscos econômicos e não econômicos (competitividade) assenta-se na compreensão de sua diversidade, pois o domínio da informação organizacional não se reduz aos problemas de organização, de gestão ou técnicos. Indivíduos e organizações convivem com o crescimento exponencial da infosfera, que penetra nas organizações diariamente, e deparam com a questão crucial de qual estratégia adotar ao se considerar esse ambiente informacional que, simultaneamente, suporta e contradiz as instituições, os sistemas, as identidades e as tecnologias existentes, caracterizando o que John Schumpeter (1982) chama de *destruição criativa*.

Em suma, a correta compreensão da infosfera e de seus desdobramentos empresariais envolve o desenvolvimento e a concepção de uma "infoestratégia" que apreenda os elementos, as práticas, as instituições e as estruturas históricas específicas como mutuamente constituídos, de modo a melhor orientar o futuro individual e coletivo. Um desafio intrincado para um problema complexo.

Referências

AHARONI, Y. In Search for the Unique: Can Firm-specific Advantages be Evaluated? **Journal of Management Studies**, v. 30, n. 1, p. 31-49, 1993.

ALMEIDA, L. C.; SILVA, J. F.; ALMEIDA JUNIOR, R. B. Alianças estratégicas e a indústria financeira brasileira: impactos das estratégias colaborativas e competitivas no desempenho dos bancos comerciais, múltiplos e de investimento. In: ENCONTRO DA ASSOCIAÇÃO NACIONAL DE PÓS-GRADUAÇÃO E PESQUISA EM ADMINISTRAÇÃO, 22., 1998, Foz do Iguaçu. **Anais**... Foz do Iguaçu: Anpad, 1998.

ANDREWS, K. R. The Concept of Corporate Strategy. In: MINTZBERG, H.; QUINN, J. B. **The Strategy Process**: Concepts, Contexts, Cases. 2. ed. New Jersey: Prentice Hall, 1991.

ANSOFF, H. I. **A nova estratégia empresarial**. São Paulo: Atlas, 1990.

_____. **Estratégia empresarial**. São Paulo: McGraw-Hill, 1977.

ANSOFF, H. I.; McDONNELL, E. J. **Implantando a administração estratégica**. 2. ed. São Paulo: Atlas, 1993.

ARGANDOÑA, A. The Stakeholder Theory and the Common Good. **Journal of Business Ethics**, Dordrecht, v. 17, p. 1093-1102, Jul. 1998.

BARNEY, J. B. Buscando vantagem competitiva internamente. In: MINTZBERG, H. et al. **O processo da estratégia**: conceitos, contextos e casos selecionados. 4. ed. Porto Alegre: Bookman, 2006. p. 101-104.

_____. Firm Resources and Sustained Competitive Advantage. **Journal of Management**, v. 17, n. 1, p. 99-120, 1991.

_____. **Gaining and Sustaining Competitive Advantage**. Reading: Addison-Wesley Publishing Company, 1996.

_____. _____. New York: Addison-Wesley Publishing Company, 1997.

_____. _____. Reading: Education Inc., 2002.

BARNEY, J.; CLARK, D. **Resource-Based Theory**: Creating and Sustaining Competitive Advantage. New York: Oxford University Press, 2007.

BEAUCHAMP, T. L.; BOWIE, N. E. **Ethical Theory and Business**. 7. ed. Upper Saddle River: Prentice Hall, 2004.

BRUE, S. L. **História do pensamento econômico**. São Paulo: Pioneira Thompson Learning, 2005.

BULGACOV, S. et al. **Administração estratégica**: teoria e prática. São Paulo: Atlas, 2007.

BURTON, B. K.; DUNN, C. P. Feminist Ethics as Moral Grounding for Stakeholder Theory. **Business Ethics Quarterly**, v. 6, n. 2, p. 133-147, 1996.

CASTELLS, M. **A era da informação**: a sociedade em rede. São Paulo: Paz e Terra, 1999. v. 1.

CAVES, R.; PORTER, M. From Entry Barriers to Mobility

Barriers. **Quaterly Journal of Economics**, v. 91, n. 2, p. 241-261, 1977.

COOL, K.; SCHENDEL, D. Performance Differences Among Strategic Group Members. **Strategic Management Journal**, v. 9, n. 3, p. 207-233, 1988.

DAVENPORT, T. H.; HARRIS, J. G. **Competing on Analytics**: the New Science of Winning. Boston: Harvard Business School Press, 2007.

DOBSON, J.; WHITE, J. Toward the Feminine Firm: an Extension to Thomas White. **Business Ethics Quarterly**, v. 5, n. 3, p. 463-478, 1995.

FAHY, J. The Resource-Based View of the Firm: Some Stumbling Blocks on the Road to Understanding Sustainable Competitive Advantage. **Journal of European Industrial**, v. 24, n. 2-4, p. 94-104, 2000.

FIEGENBAUM, A.; THOMAS, H. Industry and Strategic Group Dynamics: Competitive Strategy in the Insurance Industry. **Journal of Management Studies**, v. 30, n. 1, 69-105, 1993.

FLORIDI, L. Information Ethics: on the Philosophical Foundation of Computer Ethics. **Ethics and Information Technology**, v. 1, n. 1, p. 33-56, 1999.

FREEMAN, R. E. **Strategic Management**: a Stakeholder Approach. Boston: Pitman Publishing, 1984.

FRIEDMAN, M. The Social Responsibility of Business is to Increase its Profits. **The New York Times Magazine**, New York, Sept. 13th 1970.

GIMENEZ, F. A. P. **O estrategista na pequena empresa**. Maringá: [s.n.], 2000.

GRANT, R. M. The Resourced-Based Theory of Competitive

Advantage: Implications for Strategy Formulations. **California Management Review**, v. 33, n. 3, p.114-135, Spring 1991.

GRAVE, P. S.; MENDES, A. A. Pensamento estratégico contemporâneo: possíveis fundamentos antigos da estratégia como uma medida administrativa atual ou em busca ao elo perdido? In: ENCONTRO DA ASSOCIAÇÃO NACIONAL DE PÓS-GRADUAÇÃO E PESQUISA EM ADMINISTRAÇÃO, 25., 2001, Campinas. **Anais**... Campinas: Anpad, 2001.

GOMES-CASSERES, B. Competitive Advantage in Alliance Constellations. **Strategic Organization**, v. 1, n. 3, p. 327-335, 2003.

GULATI, R.; GARGIULO, M. Where Do Interorganizational Networks Come From? **American Journal of Sociology**, Chicago, v. 104, n. 5, p. 1439-1493, 1999.

HALL, R. The Strategic Analysis of Intangible Resources. **Strategic Management Journal**, v. 13, n. 2, p. 135-144, 1992.

HAMBRICK, D. C. Some Tests of the Effectiveness and Functional Attributes of Miles and Snow's Strategic Types. **Academy of Management Journal**, v. 26, n. 1, p. 5-26, 1983.

HITT, M. A.; IRELAND, R. D.; HOSKISSON, R. E. **Administração estratégica**: competitividade e globalização. Tradução de José Carlos Barbosa dos Santos e Luiz Antonio Pedroso Rafael. São Paulo: Pioneira Thomson Learning, 2005.

HOFER, C. W.; SCHENDEL, D. E. **Strategic Management**: a New View of Business Policy and Planning. Boston: Little, Brown & Company, 1979.

IBGE – Instituto Brasileiro de Geografia e Estatística. **Em 2011, esperança de vida ao nascer era de 74,08 anos**. 29 nov. 2012. Disponível em: <http://www.ibge.gov.br/home/presidencia/noticias/noticia_visualiza.php?id_noticia=2271&id_pagina=1>. Acesso em: 8 fev. 2013.

KALER, J. Differentiating Stakeholder Theories. **Journal of Business Ethics**, v. 46, n. 1, p. 71-83, Aug. 2003.

KANTER, R. M. Managing for Long-term Success. **The Futurist**, Washington, v. 32, n. 6, p. 3-45, Aug./Sept. 1998.

KUPFER, D. **Padrões de concorrência e competitividade.** Texto para discussão 265-2. IE/UFRJ, 1991.

LIEDTKA, J. M. Collaborating Across Lines of Business for Competitive Advantage. **Academy of Management Executive Journal**, v. 10, n. 2, p. 20-37, 1996.

LORANGE, P.; ROSS, J. **Alianças estratégicas**: formação, implementação e evolução. São Paulo: Atlas, 1996.

LUCE, F. B.; BORGES JÚNIOR, A. A. Estratégias emergentes ou deliberadas: um estudo de caso com os vencedores do prêmio "Top de Marketing" da ADVB. **Revista de Administração de Empresas**, v. 40, n. 3, p. 36-44, jul./ago./set. 2000.

MAGRETTA, J.; STONE, N. **O que é gerenciar e administrar.** Rio de Janeiro: Campus, 2003.

MARTINS, T. S. et al. A influência da tipologia estratégica de Miles e Snow no grau de orientação para o mercado em instituições de ensino fundamental e médio do estado do Paraná. In: ENCONTRO DA ASSOCIAÇÃO NACIONAL DE PÓS-GRADUAÇÃO E PESQUISA EM ADMINISTRAÇÃO, 32., 2008, Rio de Janeiro. **Anais**... Rio de Janeiro: Anpad, 2008. Disponível em: <http://pt.scribd.com/doc/55550394/ESOA1669>. Acesso em: 22 mar. 2012.

_____. Grupos estratégicos e desempenho: a indústria de bancos comerciais no Brasil. In: ENCONTRO DA ASSOCIAÇÃO NACIONAL DE PÓS-GRADUAÇÃO E PESQUISA EM ADMINISTRAÇÃO, 33., 2009, São Paulo. **Anais**... São Paulo: Anpad, 2009. Disponível em: http://www.junecruz.com/artigos_arquivos/9786edd0d37494ccc83224e6ab9cf726.pdf>. Acesso em: 22 mar. 2012.

MBS CONSULTING. **A vantagem competitiva das nações**. 7. ed. Rio de Janeiro: Campus, 1989. Resumo. Disponível em: <http://pt.scribd.com/doc/48335955/Resumo-EstrategiaCompetitiva-Porter>. Acesso em: 21 mar. 2012.

MCGRATH, R. G.; MacMILLAN, I. C.; VENKATARAMAN, S. Defining and Developing Competence: a Strategic Process Paradigm. **Strategic Management Journal**, v. 16, n. 4, p. 251-275, 1995.

MILES, R.; SNOW, C. **Fit, Failure and the Hall of Fame**: How Companies Succeed or Fail. New York: The Free Press, 1994.

_____. **Organizational Strategy, Structure, and Process**. New York: McGraw-Hill, 1978.

MINTZBERG, H. A criação artesanal da estratégia. In: MONTGOMERY, C.; PORTER, M. **Estratégia**: a busca da vantagem competitiva. 2. ed. Rio de Janeiro: Campus, 1998.

MINTZBERG, H. Five P's for Strategy. In: MINTZBERG, H.; QUINN, J. B. **The Strategy Process**: Concepts, Contexts and Cases. Englewood Cliffs: Prentice Hall, 1992. p. 12-19.

_____. Os 5 Ps da estratégia. In: MINTZBERG, H. et al. **O processo da estratégia**: conceitos, contextos e casos selecionados. Porto Alegre: Bookman, 2006. p. 27-31.

MINTZBERG, H.; AHLSTRAND, B.; LAMPEL, J. (Org.). **Safári de estratégia**: um roteiro pela selva do planejamento estratégico. Porto Alegre: Bookman, 2000.

MINTZBERG, H.; QUINN, J. B. **The Strategy Process**: Concepts, Contexts and Cases. Englewood Cliffs: Prentice Hall, 1995.

_____. **O processo da estratégia**. 3. ed. Porto Alegre: Bookman, 2001.

MINTZBERG, H.; WATERS, J. A. Tracking Strategy in an Entrepreneurial Firm. **Academy of Management Journal**, v. 25, n. 3, p. 465-499, 1982.

MORGAN, R. E.; STRONG C. A. Market Orientation and Dimensions of Strategic Orientation. **European Journal of Marketing**, v. 32, n. 11, 12, p. 1051-1073, 1998.

MYERSON, R. B. **Game Theory**: Analysis of Conflict. Cambridge: Harvard University Press, 1991.

PETERAF, M. The Cornerstones of Competitive Advantage: a Resource-Based View. **Strategic Management Journal**, v. 14, n. 3, p. 179-191, 1993.

PETERAF, M.; SHANLEY, M. Getting to Know You: a Theory of Strategic Group Identity. **Strategic Management Journal**. v. 18, p. 165-186, 1997. Summer Special Issue.

PIOTTO, R. L.; SAES, M. S. M. **A indústria de celulose no Brasil**: integrando diferentes abordagens em estratégia. Disponível em: <http://www.ead.fea.usp.br/semead/12semead/resultado/trabalhosPDF/394.pdf>. Acesso em: 22 mar. 2012.

PORTER, M. E. **A vantagem competitiva das nações**. 7. ed. Rio de Janeiro: Campus, 1989.

_____. **Competição**: estratégias competitivas essenciais. 6. ed. São Paulo: Campus, 1999.

_____. **Competitive Advantage**: Creating and Sustaining Competitive Performance. New York: The Free Press, 1985.

_____. **Competitive Strategy**: Techniques for Analyzing Industries and Competitors. New York: The Free Press, 1980.

_____. Como as forças competitivas moldam a estratégia. In: MINTZBERG, H. et al. **O processo da estratégia**: conceitos, contextos e casos selecionados. Porto Alegre: Bookman, 2006. p. 95-101.

PORTER, M. E. **Estratégia competitiva**: técnicas para análise de indústrias e da concorrência. 7. ed. Rio de Janeiro: Campus, 1986.

_____. _____. 16. ed. Rio de Janeiro: Campus. 2004.

_____. The Five Competitive Forces that Shape Strategy. **Harvard Business Review**, v. 86, n. 1, p. 79-93, Jan. 2008.

_____. **Vantagem competitiva**: criando e sustentando um desempenho superior. Rio de Janeiro: Campus, 1990.

_____. What is Strategy? **Harvard Business Review**, v. 74, n. 6, p. 61-78, Nov./Dec. 1996.

PRAHALAD, C. K.; BETTIS, R. A. The Dominant Logic: a New Linkage Between Diversity and Performance. **Strategic Management Journal**, v. 7, n. 6, p. 485-501, 1986.

PRAHALAD, C. K., HAMEL, G. **Competindo pelo futuro**: estratégias inovadoras para obter o controle do seu setor e criar os mercados de amanhã. Rio de Janeiro: Campus, 1990.

PRIVATIZAÇÃO fez crescer 35 vezes telefonia celular; setor ainda tem problemas de qualidade. 5 nov. 2012. Disponível em: <tecnologia.uol.com.br/noticias/redacao/2012/11/05/privatizacao-fez-crescer-35-vezes-telefonia-celular-setor-ainda-tem-problemas-de-qualidade.htm>. Acesso em: 2 abr. 2013.

QUINN, J. B. Estratégias para mudanças. In: MINTZBERG, H. et al. **O processo da estratégia**: conceitos, contextos e casos selecionados. Porto Alegre: Bookman, 2006. p. 29-33.

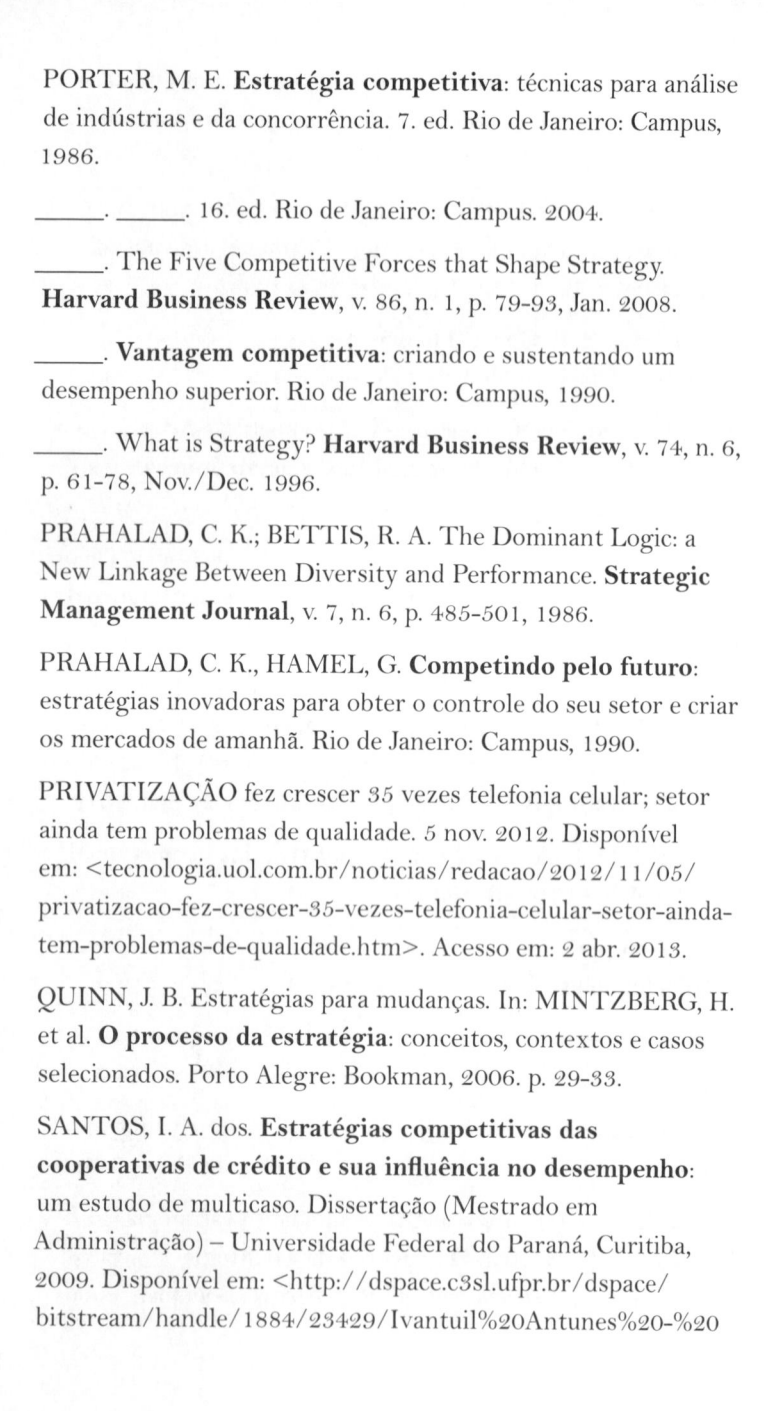

SANTOS, I. A. dos. **Estratégias competitivas das cooperativas de crédito e sua influência no desempenho**: um estudo de multicaso. Dissertação (Mestrado em Administração) – Universidade Federal do Paraná, Curitiba, 2009. Disponível em: <http://dspace.c3sl.ufpr.br/dspace/bitstream/handle/1884/23429/Ivantuil%20Antunes%20-%20

Dissertacao%20-%20Estrategia%20Competitiva%20das%20.
pdf?sequence=1>. Acesso em: 22 mar. 2012.

SCHUMPETER, J. A. **Teoria do desenvolvimento econômico**: uma investigação sobre lucros, capital, crédito, juro e o ciclo econômico. São Paulo: Abril Cultural, 1982. (Coleção Os Economistas).

SERTEK, P.; GUINDANI, R. A.; MARTINS, T. S. **Administração e planejamento estratégico**. 3. ed. Curitiba: Ibpex, 2011.

SLATER, S. F.; NARVER, J. C. Product Market Strategy and Performance: An Analysis of the Miles and Snow Strategy Types. **European Journal of Marketing**, v. 27, n. 10, p. 33-51, 1993.

SOUZA, J. P. de. **Estratégia empresarial**. Cap. 2. Disponível em: <http://www.eps.ufsc.br/disserta99/souza/cap2.html>. Acesso em: 22 mar. 2012.

STALK, G.; EVANS, P.; SHULMAN, L. E. Competing on Capabilities: the New Rules of Corporate Strategy **Harvard Business Review**, v. 70, n. 2, p. 57-69, Mar./Apr. 1992.

STEINER, G. A.; MINER, J. B. **Política e estratégia administrativa**. Rio de Janeiro: Interciência, 1981.

TALEB, N. N. **The Black Swan**: the Impact of the Highly Improbable. New York: Random House Publishing Group, 2007.

THE AUTO CHANNEL. **Daimler AG Reports a 14.2 Percent Increase for Mercedes-Benz and Smart Vehicles in the U.S. for January 2011**. New York, Feb. 1st 2011. Disponível em: <http://www.theautochannel.com/news/2011/02/01/516896.html>. Acesso em: 20 jul. 2012.

THE TIMES 100. **Balancing Stakeholder Needs**: a Shell Case Study. The Times 100: Business Case Studies Logo. Disponível em: <http://businesscasestudies.co.uk/shell/balancing-stakeholder-needs/introduction.html>. Acesso em: 24 abr. 2011.

THOMPSON, A. A.; FORMBY, J. P. **Microeconomia da firma**: teoria e prática. Rio de Janeiro: Prentice Hall, 1998.

VASCONCELOS, L. Serviços: um setor em ebulição. **Revista Desafios do Desenvolvimento**, ano 9, n. 75, 2012. Disponível em: <http://www.ipea.gov.br/desafios/index.php?option=com_content&view=article&id=1127:catid=28&Itemid=23>. Acesso em: 8 fev. 2013.

WERNERFELT, B. A Resource-Based View of the Firm. **Strategic Management Journal**, v. 5, n. 2, p. 171-180, 1984.

WHITTINGTON, R. **O que é estratégia**. São Paulo: Thomson Learning, 2002.

WILLIAMS, J. How Sustainable Is Your Advantage? **California Management Review**, v. 34, p. 1-23,1992.

ZAHRA, S. A.; PEARCE II, J. A. Research Evidence on the Miles-Snow Typology. **Journal of Management**, v. 16, n. 4, p. 751-768, 1990.

ZANNI, P. **Uma perspectiva histórica do conceito de estratégia emergente**. São Paulo: FGV; Ibero-American, 2003.

Bibliografia comentada

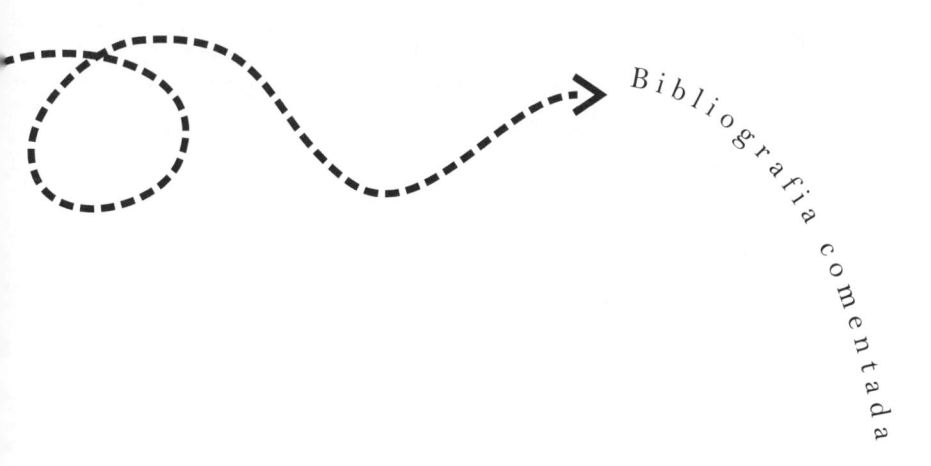

Os profissionais, pesquisadores e estudantes que desejam saber mais sobre **estratégia** e **competitividade** podem consultar as obras indicadas a seguir:

ANSOFF, H. I.; MCDONNELL, E. J **Implantando a administração estratégica**. 2. ed. São Paulo: Atlas, 1993.
Destina-se a leitores interessados na gestão prática e sistemática do processo de adaptação das empresas a mudanças descontínuas do ambiente externo.

BARNEY, J. B.; HESTERLY, W. S. **Administração estratégica e vantagem competitiva**. São Paulo: Pearson Prentice-Hall, 2007.
Colocando os recursos internos da organização como potencializadores de vantagem competitiva sustentável em vez do ambiente externo, esse livro descreve um modelo integrador amplo o suficiente para ser aplicado na análise de casos e cenários de negócios, bem como apresenta uma linguagem simples, de forma a poder ser compreendido e compartilhado.

MINTZBERG, H.; AHLSTRAND, B.; LAMPEL, J. (Org.). **Safári de estratégia**: um roteiro pela selva do planejamento estratégico. Porto Alegre: Bookman, 2000.

Os autores apresentam uma visão crítica das contribuições e limitações das dez escolas do planejamento estratégico. Esse guia também é indicado para os profissionais que se sentem desnorteados pela quantidade de informações que envolvem o tema.

MINTZBERG, H.; QUINN, J. B. **O processo da estratégia**. 3. ed. Porto Alegre: Bookman, 2001.
Esse livro reúne textos de diversos autores com o objetivo de reforçar essa variedade. Entre os principais temas do livro, estão estratégias, globalização e valores.

PORTER, M. E. **Estratégia competitiva**: técnicas para análise de indústrias e da concorrência. 7. ed. Rio de Janeiro: Campus, 1986.
Trata-se da fonte bibliográfica de muitas informações sobre estratégia e competitividade apresentadas neste livro.

SERTEK, P.; GUINDANI, R. A.; MARTINS T. **Administração e planejamento estratégico**. 2. ed. Curitiba: Ibpex, 2009.
Os autores fazem uma construção dos principais conceitos relacionados à estratégia, ao planejamento estratégico e à administração estratégica. Trata-se de um livro simples, com vários exemplos que ajudam o leitor a aplicar os conceitos trabalhados. O estudante iniciante na área pode tirar proveito da amplitude e objetividade da obra.

WHITTINGTON, R. **O que é estratégia**. São Paulo: Thomson Learning, 2002.
Esse livro traz um panorama teórico para o conceito de *estratégia* com base em quatro abordagens genéricas (clássica, evolucionista, processual e sistêmica).

Sobre os autores

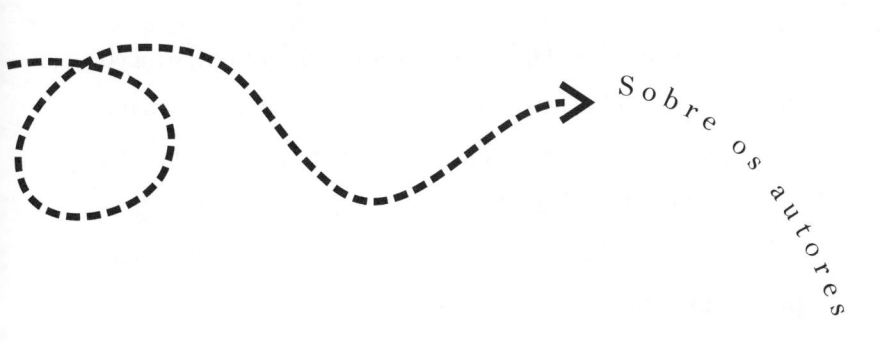

Tomas Sparano Martins é doutor em Administração Estratégica pela Pontifícia Universidade Católica do Paraná (PUCPR). Atualmente, desenvolve pesquisas na área de estratégia, mais especificamente em capacidades dinâmicas. É professor na área de estratégia dos cursos de pós-graduação da Universidade Positivo (UP) e da PUCPR. Escreveu diversos artigos acadêmicos sobre esse tema, incluindo os seguintes livros: *Administração e planejamento estratégico* (2011, 3ª ed.), *Finanças pessoais* (2009), *Incrementando a estratégia: uma abordagem do Balanced Scorecard* (2010) e *Planejamento estratégico orçamentário* (2011). Também é o organizador do livro *Redes sociais e organizacionais em administração* (2008).

Roberto Ari Guindani é graduado em Administração de Empresas, especialista em Gestão de Negócios, com ênfase empresarial e ambiental, pela Universidade do Oeste de Santa Catarina (Unoesc) e mestre em Administração de Empresas pela Universidade Federal de Santa Catarina (UFSC). Atualmente, é doutorando em Agronomia pela Universidade Estadual Paulista (Unesp) e desenvolve tese sobre o tema "Boas práticas de produção agrícola". Suas pesquisas estão focadas nas áreas de gestão empresarial e ambiental. É professor de graduação e pós-graduação das disciplinas de Planejamento e Estratégias Empresariais, Pesquisa em Administração e Gestão Agroindustrial. É diretor do Instituto Guindani, no qual oferece cursos de pós-graduação nas áreas empresarial, educacional e ambiental, em Curitiba (PR). Em 2006, lançou seu primeiro livro, *Gestão ambiental no agronegócio*, e, em 2007, o segundo, *Administração e planejamento estratégico*.

Os papéis utilizados neste livro, certificados por instituições ambientais competentes, são recicláveis, provenientes de fontes renováveis e, portanto, um meio responsável e natural de informação e conhecimento.

FSC
www.fsc.org
MISTO
Papel produzido a partir de fontes responsáveis
FSC® C074432

Impressão: Maxi Gráfica
Março/ 2019